Inhaltsverzeichnis

KREATIVE
Sprachspiele und Sprechanlässe

Vorwort

Liebe Kolleginnen und Kollegen,

während der gesamten Grundschulzeit ist es eine wichtige Aufgabe für uns Pädagogen, die Schülerinnen und Schüler in ihrer sprachlichen Entwicklung zu fördern und zu fordern.

Ziel dieses Heftes ist daher, die Kinder mit abwechslungsreichen, fantasie- und kreativitäts-anregenden Übungen ganzheitlich zu fördern. Mein Anliegen ist es, ihnen den Spaß an unserer Sprache und die Freude am Erzählen zu vermitteln, ihr Selbstvertrauen beim Spre-chen vor anderen (bekannten und unbekannten) Personen zu stärken, ihren Ausdruck zu verbessern sowie ihren Mut zur Kreativität und zum Schreiben eigener Geschichten zu steigern. Gleichzeitig werden ihre Rechtschreibkenntnisse gefestigt, ihr Wortschatz wird erweitert, ihr Gedächtnis trainiert und vieles mehr.

Etliche der im Heft enthaltenen Übungen und Spiele beziehen sich direkt auf Inhalte des Lehrplanes ab der 2. Klasse und können daher gut thematisch in den jeweiligen Unterricht eingebunden werden.
Andere Übungen können bei Sprechanlässen, z. B. im Morgenkreis, aufgegriffen werden oder bieten sich als kleine Spiele zur Unterrichtsauflockerung oder für Pausen, Projekte, Feierlichkeiten und Ausflüge an.

Ich wünsche Ihnen mit diesen hier zusammengestellten Übungen und Spielen viele span-nende Stunden und fröhliche, erzählfreudige Kinder!

Ihre Ilka Köhler

Hinweis:
Aus Gründen der besseren Lesbarkeit wird im Folgenden auf eine sprachliche Differenzierung der weiblichen und männlichen Bezeich-nungen verzichtet. Selbstverständlich sind stets beide Geschlechter angesprochen.

Vorbemerkungen und Arbeitshinweise

Beobachtungs- und Selbsteinschätzungsbogen:
Auf der Seite 5 finden Sie einen Beobachtungsbogen, um die Lernfortschritte der Schüler zu kontrollieren und zu dokumentieren.
Für die Kinder ist es außerdem wichtig, einen Selbsteinschätzungsbogen (s. S. 6) auszufül-len, da sie hierbei selbst über sich und ihre Fähigkeiten nachdenken müssen. Bitte lassen Sie die Kinder anschließend die Bögen miteinander vergleichen und stehen Sie für even-tuell auftretende Rückfragen zur Verfügung.

Gesprächsregeln:
Sinnvoll ist es, mit den Kindern vorab Gesprächsregeln festzulegen. Hierzu finden Sie auf der Seite 7 eine Kopiervorlage mit möglichen Inhalten. Kopieren Sie die Vorlage auf far-biges Papier hoch und lassen Sie diese von allen Kindern unterschreiben.

Hängen Sie das Plakat dann in der Klasse auf und verweisen Sie die Kinder bei Bedarf auf die Gesprächsregeln. Alternativ können Sie auch gemeinsam mit den Kindern Gesprächsregeln entwickeln.

Aufbereitung der Materialien:

- Kopieren Sie die benötigten Vorlagen und vergrößern Sie diese bei Bedarf auf die gewünschte Größe. Anschließend sollten Sie die Kopien passend zuschneiden, evtl. auf größere Tonpapierkärtchen kleben und für eine bessere Haltbarkeit laminieren.
- Legen Sie sich entsprechende Aufbewahrungsboxen zurecht, in welchen Sie die vorbereiteten Materialien einordnen und aufbewahren können.
- Natürlich können Ihre Schüler bei der Vorbereitung der Materialien gerne helfen und die Kopien zuschneiden, anmalen oder laminieren.

Auswahl des Spielanfängers:

Um eine faire Auswahl der Spielanfänger zu gewährleisten (und Diskussionen zu vermeiden), bietet es sich an, diese durch ein gerechtes Auswahlverfahren zu bestimmen, z. B.:
- durch Abzählreime
- durch das Ziehen einer bestimmten Spielkarte (z. B. Herz Ass)
- durch das Ziehen von jeweiligen Namenskärtchen
- durch das Ziehen von Nummernkärtchen (z. B. Klassenbuchnummer)
- in der Reihenfolge der Bankreihen
- in der Reihenfolge des Klassenbuches / Alphabetes …

Tipps zur Punktevergabe:

Da es nicht immer ganz einfach ist, den Überblick über vergebene Punkte zu behalten, können Sie folgende Möglichkeiten austesten:
- durch Striche (für die Gruppe / das Kind) an der Tafel
- durch das Austeilen von Chips / Stäbchen an die Gruppe / das Kind
- durch das Legen von Chips / Stäbchen in zugeordnete Becher
- durch das Drehen von Punkten auf einem Rechenquadrat / Hunderterfeld
- durch das Schieben von Punkten an einem Abakus

Bemerkungen zu einzelnen Angeboten:

- **S. 9 – 13 Gedichte:** Lassen Sie die Schüler die Gedichte bzw. Reime laut lesen, auswendig lernen und anschließend betont aufsagen. Auf den Seiten 8 und 14 finden Sie Hinweise und Übungen für die Schüler zum Thema „Gedichte".
- **S. 16 Reimwörter:** Die Reimwörter der Schüler können auch in die Wortstreifen auf Seite 26 geschrieben werden. Die zueinanderpassenden Reimwörter können mit einem Faden zusammengeheftet und z. B. für das Schreiben von Gedichten verwendet werden.
- **S. 17 Reimmemory:** Kopieren Sie die Spielkärtchen evtl. hoch und laminieren Sie sie. Lassen Sie die Schüler beim Spiel die Reimwörter erlesen. Möglich ist auch, passende Kärtchen mit Bilder zu gestalten, sodass die Spieler jeweils ein Wort und ein Bild als Reimpaar finden müssen.
- **S. 22 – 23 Buchstabenspiel:** Bereiten Sie die Buchstabenkärtchen, S. 24, und Karten mit den Oberbegriffen, S. 22 – 23, wie oben beschrieben, vor. Die leeren Karten können Sie mit eigenen Oberbegriffen füllen.

- **S. 25 Synonyme (Bedeutungsgleichlinge):** Teilen Sie den Schülern auch die Kopiervorlage „Wortstreifen", S. 26, aus. Lassen Sie die Schüler jeweils ein Wort pro Wortstreifen aufschreiben. Laminieren und lochen Sie diese und binden Sie anschließend die zueinanderpassenden Bedeutungsgleichlinge mit einem Faden zusammen. Diese Wörterketten können die Schüler dann für eigene Erzählungen und Geschichten nutzen.

- **S. 27 – 28 Silbenendloswörterquatsch:** Kopieren Sie die Schlangenkopiervorlage, S. 28, für jedes Kind oder lassen Sie die Schüler gleich dicke Streifen aus Papier zuschneiden, welche sie anschließend der Länge nach zusammenkleben sollen. Auf die jeweilige Papierschlange schreiben die Schüler nun ihre Silbenendloswörter.

- **S. 33 Sätze beenden:** Sie können auch die Satzanfänge einer Geschichte nacheinander auf die Wortstreifen auf S. 26 schreiben und diese laminieren. Die Schüler sollen nun daraus eine neue Geschichte bilden bzw. die Sätze der bekannten Geschichte möglichst korrekt beenden.

- **S. 36 – 37 Wer hat es?:** Bereiten Sie die Gegenstandskärtchen wie auf S. 3 oben beschrieben vor, zählen Sie für jedes Kind ein Kärtchen ab und mischen Sie die Kärtchen anschließend gut durch. Stecken Sie die Karten nun am besten in ein nicht durchsichtiges Säckchen und lassen Sie die Schüler ihre Karten daraus ziehen.

- **S. 39 Geschichten weitererzählen:** Kopieren Sie Geschichtenanfänge von den Seiten 42 – 43 oder aus verschiedenen Kinderbüchern. Sie können auch die Bildkarten von S. 44 zur Verfügung stellen. Diese Kopien sollten in Prospekthüllen in einem extra Hefter gesammelt werden. Dieser Hefter lässt sich ständig mit neuen Anfängen erweitern.

- **S. 41 und 45 Ein Klassenroman / Ein neues Märchen:** Schreiben Sie doch den entstandenen Roman bzw. das neue Märchen mit und teilen Sie eine Kopie davon zur Erinnerung (z. B. zum Schuljahresabschluss) an die beteiligten Schüler aus. Für den Klassenroman können Sie als Anregung auch die Geschichtenanfänge von den Seiten 42 – 43 oder die Bildkarten von S. 44 austeilen.

- **S. 46 – 47 Märchen nacherzählen:** Besprechen Sie zuvor mit den Schülern verschiedene Märchen. Kopieren Sie jedem Kind den roten Faden (S. 47). Lassen Sie die Schüler nun ein Märchen auswählen, zu dem sie sich Stichpunkte machen können. Anschließend sollen sie das Märchen mit Hilfe des roten Fadens nacherzählen.

- **S. 49 Mein schönstes Erlebnis:** Kopieren Sie oder schreiben Sie mit den Schülern verschiedene Satzanfänge auf Kärtchen, welche Sie in einer kleinen Satzanfangs-Box aufbewahren können. Diese kann den Schülern dann stets für sprachliche / schriftliche Arbeiten zur Verfügung stehen.

- **S. 51 Tagesablauf – Wochentag:** Die Schüler können hierfür ihre Synonymkärtchen (S. 25 – 26) verwenden.

- **S. 52 Tagesablauf – Wochenende:** Die Schüler können hierfür ihre Synonymkärtchen (S. 25 – 26) verwenden.

- **S. 52 Einen Mitschüler beschreiben:** Die Wörter auf dem Arbeitsblatt „Steckbrief", S. 50, können als Anregung für die Beschreibung ausgeteilt werden.

- **S. 57 Programmdirektor:** Kopieren Sie das Bild des Fernsehers (S. 58) auf DIN A3 hoch, kleben Sie es auf eine stabile Unterlage und schneiden Sie dann den Rahmen aus. Nun können die Schüler beim Sprechen den Pappfernseher vor ihr Gesicht halten.

- **S. 64 Urkunde:** Kopieren Sie die Urkunde auf farbiges Tonpapier und vergeben Sie diese als positiven Verstärker für erbrachte Leistungen. Die Urkunden können auch als Leistungsdokumentation in das Portfolio der Schüler geheftet werden.

Beobachtungsbogen

Beobachtungsbogen von: _____

Datum / Unterschrift: _____

	Das kannst du schon gut.	Das kannst du meistens.	Das musst du noch üben.
1. Gesprächsregeln			
Du meldest dich.			
Du kannst anderen zuhören.			
Du schaust die anderen an.			
Du sprichst laut und deutlich.			
Du lässt die anderen ausreden.			
Du beachtest die Redezeiten.			
Du kannst auf andere Beiträge eingehen.			
2. Geschichten / Redeprofi			
Du kannst Dinge vergleichen.			
Du kannst Geschichten / Märchen nacherzählen.			
Du kannst über etwas berichten.			
Du kannst über dich erzählen.			
Du kannst Dinge beschreiben.			
Du kannst eigene Geschichten erfinden.			
3. Sprachprofi			
Du kannst alle Buchstaben deutlich und richtig aussprechen.			
Du kannst flüstern.			
Du kannst Endloswörter und Zungenbrecher sprechen.			
Du kannst deine Stimme verstellen.			
Du kannst Gedichte betont vortragen.			
Du kannst Witze lustig erzählen.			
Du kannst vor anderen Menschen sprechen.			
Das kannst du in Zukunft noch verbessern:			

BVK DE63 • Ilka Köhler: „Kreative Sprachspiele und Sprechanlässe"

Selbsteinschätzungsbogen

Selbsteinschätzungsbogen von: _____

Datum: _____

	Das kann ich schon gut.	Das kann ich meistens.	Das muss ich noch üben.
1. Gesprächsregeln			
Ich melde mich.			
Ich kann anderen zuhören.			
Ich schaue die anderen an.			
Ich spreche laut und deutlich.			
Ich lasse die anderen ausreden.			
Ich beachte die Redezeiten.			
Ich kann auf andere Beiträge eingehen.			
2. Geschichten / Redeprofi			
Ich kann Dinge vergleichen.			
Ich kann Geschichten / Märchen nacherzählen.			
Ich kann über etwas berichten.			
Ich kann über mich erzählen.			
Ich kann Dinge beschreiben.			
Ich kann eigene Geschichten erfinden.			
3. Sprachprofi			
Ich kann alle Buchstaben deutlich und richtig aussprechen.			
Ich kann flüstern.			
Ich kann Endloswörter und Zungenbrecher sprechen.			
Ich kann meine Stimme verstellen.			
Ich kann Gedichte betont vortragen.			
Ich kann Witze lustig erzählen.			
Ich kann vor anderen Menschen sprechen.			
Das nehme ich mir für die Zukunft vor:			

Unsere Gesprächsregeln

1. Wenn ich etwas sagen möchte, melde ich mich leise.

2. Wenn jemand spricht, höre ich zu.

3. Beim Sprechen schaue ich die anderen an.

4. Ich lasse die anderen ausreden.

5. Wenn ich erzähle, bleibe ich beim Thema.

6. Ich lasse die Meinung anderer gelten.

7. Ich begründe meine Meinung.

8. Ich melde mich, wenn ich eine Zwischenfrage habe.

9. Ich melde mich, wenn ich einen Einwand habe.

10. Wer sich zuerst meldet, darf als Erster reden.

Umgang mit Gedichten

Um den Inhalt eines Gedichtes besser zu verstehen, könnt ihr folgende Sachen ausprobieren:

• das Gedicht in Wort-Bilder zerlegen
• ein Bild zu dem Gedicht malen
• das Gedicht in Strophen oder Verse zerlegen
• die Verse in Silben zerlegen

Um die Melodie eines Gedichtes besser kennenzulernen, könnt ihr:

• den Rhythmus der Silben klatschen (siehe Beispiel im Kasten)
• den Rhythmus der Silben vor euch hinbrummen
• die Silben als Melodie vor euch hinsummen
• das Gedicht mit einer Melodie singen

Um das Sprechen des Gedichtes zu üben, könnt ihr:

• das Gedicht leise lesen
• das Gedicht laut vorlesen
• das Gedicht betont aufsagen
• anderen Schülern beim Gedichtvortrag zuhören

Beispiel (für das Silbenklatschen):

Wisst ihr noch im letzten Jahr,	2 x Hand, 2 x Schoß, 2 x Hand, 1 x Schoß
als der schöne Sommer war?	2 x Hand, 2 x Schoß, 2 x Hand, 1 x Schoß
Die Sonne schien vom Himmel runter,	1 x Hand, 2 x Schoß, 2 x Hand, 2 x Schoß, 2 x Hand
wir tobten lustig und auch munter.	1 x Hand, 2 x Schoß, 2 x Hand, 2 x Schoß, 2 x Hand
Dann holten wir 'nen Fußball 'vor	2 x Hand, 2 x Schoß, 2 x Hand, 2 x Schoß, 1 x Hand
und schossen auf ein Fußballtor.	2 x Hand, 2 x Schoß, 2 x Hand, 2 x Schoß
Doch plötzlich war mein Schuh mit weg,	2 x Hand, 2 x Schoß, 2 x Hand, 2 x Schoß
da flog er hoch und lag im Dreck.	2 x Hand, 2 x Schoß, 2 x Hand, 2 x Schoß

Frühlingsgedichte

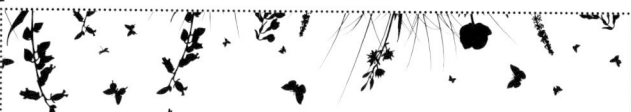

Der Frühling ist so wunderschön

Der Frühling ist so wunderschön,
wenn wir durch unseren Garten gehen,
und all die vielen Blumen sehen,
die dort in unseren Beeten stehen.

Der Frühling ist ganz zauberhaft,
wenn alles blüht in neuem Saft,
und wenn der Frühlingssonne Kraft,
die letzten Reste Schnee wegschafft.

Schaut mal raus, die Sonne lacht!

Schaut mal raus, die Sonne lacht!
Hört ihr, wie das Eis laut kracht?

Langsam schmilzt es, wird ganz weich,
keiner darf mehr auf den Teich!

Dafür sprießen erste Blätter,
freu'n sich an dem warmen Wetter!

Denn endlich ist es nun soweit,
es kommt die schöne Frühlingszeit!

Bi-ba-bauz

Bi-ba-bauz,
im Wald da ruft ein Kauz.
Im Wald da ruft ein Kauz so laut,
dass jeder plötzlich um sich schaut.
Bi-ba-bauz,
im Wald da ruft ein Kauz.

Bi-ba-bäuzchen,
im Wald da ruft ein Käuzchen.
Es ruft nach seiner Mutter,
die bringt ihm dann sein Futter,
Bi-ba-bäuzchen,
im Wald da ruft ein Käuzchen.

Bi-ba-bater,
im Wald ruft der Kauzvater.
Er ruft so laut nach Frau und Kind,
und fliegt dann zu dem Nest geschwind.
Bi-ba-bater,
im Wald ruft der Kauzvater.

Ein Frühlingsreim

Ein Frühlingsreim
ganz klitzeklein,
möcht auch in dieses Buch hinein.

Er bringt uns mit
das Osterhäschen,
mit seinem kleinen Schnuppernäschen.

Und außerdem
die Frühlingsluft,
mit all dem frischen Blütenduft.

Und höflich
fragt er uns sodann,
ob er auf diese Seite kann.

So komm denn,
kleiner Frühlingsreim,
darfst auch in dieses Buch hinein.

BVK DE63 • Ilka Köhler: „Kreative Sprachspiele und Sprechanlässe"

KREATIVE
Sprachspiele und Sprechanlässe

Sommergedichte

Wisst ihr noch?

Wisst ihr noch im letzten Jahr,
als der schöne Sommer war?
Die Sonne schien vom Himmel runter,
wir tobten lustig und auch munter.
Dann holten wir 'nen Fußball hervor
und schossen auf ein Fußballtor.
Doch plötzlich war mein Schuh mit weg,
da flog er hoch und lag im Dreck.
Schnell lief ich zu dem Schuh dann hin,
der war mitten in 'ner Pfütze drin.
Das Wasser zog in meinen Socken,
und bald war nichts mehr von ihm trocken.
Da stand ich nun, der Schuh war dreckig
und meine Sachen alle fleckig.
So herrlich lustig anzusehen,
musste ich nun nach Hause gehen.
Heimlich schlich ich mich ins Haus,
dachte Mama schimpft mich aus.
Doch welch ein Glück, die Mama lachte,
was ich für dolle Sachen machte.

Endlich sind die Ferien da

Endlich sind die Ferien da,
das finden wir ganz wunderbar.

Wir können hüpfen, springen, rennen
und auch einmal den Tag verpennen.

Die Sonne scheint, ein jeder lacht,
weil es uns so viel Freude macht.

Und ist uns dann so richtig heiß,
gibt es ein großes, leckeres Eis.

Wir denken alle „Oh, wie fein",
so müssen unsere Ferien sein.

Ja, Ferien sind die schönste Zeit,
keine Schule weit und breit.

Hurra, hurra, der Sommer, der ist da

Hurra, hurra, der Sommer, der ist da!
Im Sommer gibt es keinen Schnee,
drum geh'n wir baden an den See.
Hurra, hurra, der Sommer, der ist da!

Hurra, hurra, der Sommer, der ist da!
Wir springen jetzt ins kühle Wasser
und werden dabei nass und nasser.
Hurra, hurra, der Sommer, der ist da!

See-Abc

ABC	wir fahren an den See.
D und E	dort schwimmen wir, juchhe.
FGH	so wie im letzten Jahr.
I und J	das Umziehen geht ganz flott.
K und L	ins Wasser geht es schnell.
MNO	ich hab 'nen nassen Po.
P und Q	eine nasse Brust dazu.
RST	es kribbelt an meinem Zeh.
UVW	einen kleinen Fisch ich seh'.
XYZ	am See ist es so nett.

Herbstgedichte

1000 kleine Wassertropfen

1000 kleine Wassertropfen
hör ich an mein Fenster klopfen.
Manche laut und manche leise,
jeder klopft auf seine Weise.

1000 kleine Regenspritzer
sind wie bunte Himmelsflitzer.
Glitzernd schwirren sie umher,
in dem feuchten Tropfenmeer.

1000 kleine Glitzerfunken
seh ich in die Pfütze tunken.
Manche laut und manche leise,
doch bei jedem starten Kreise.

1000 kleine Wasserwellen,
über diese Pfütze schnellen.
Doch langsam finden sie zur Ruh',
denn kein Tropfen kommt dazu.

Ja, die 1000 Wassertropfen,
haben aufgehört zu klopfen.

Seht doch mal die bunten Blätter

Seht doch mal die bunten Blätter,
und das strahlend schöne Wetter.
Schaut, es wird gleich noch viel netter,
um die Ecke kommt mein Vetter.

Oh, was für wunderbare Sachen,
können wir zwei Kinder machen.
„Komm, wir holen unseren Drachen,
dann gibt es mächtig was zum Lachen."

Ja, das macht Spaß, das ist ganz toll,
der Drachen fliegt so wundervoll,
viel höher, als er fliegen soll,
Menschenskinder, ist das doll.

Er fliegt im Wind mit so viel Kraft,
dass er's bis zu den Wolken schafft,
in denen eine Lücke klafft,
durch die die liebe Sonne gafft.

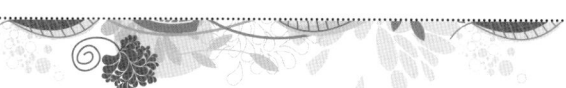

Der Herbstwind weht

Der Herbstwind weht,
pfeift um das Haus,
wir stecken unsere Nasen raus.

Die Wolke kommt,
die Tropfen rinnen,
und ganz schnell sind wir wieder drinnen.

Wir spielen dann
mit reichlich Spaß,
und werden trotzdem gar nicht nass.

Na so ein Glück,
wir haben's gut,
und sind ganz trocken ohne Hut.

Oben am Baume

Dort oben an dem Baume,
da hängt 'ne lila Pflaume.

Die würd' ich gerne essen,
doch das kann ich vergessen.

Ich strecke mich, so sehr ich kann –
doch dort komme ich nicht ran.

Nein, ich bin noch zu klein
und lass das Pflücken sein.

Wintergedichte

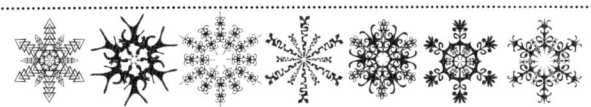

Ein kleiner dicker Schneemann

Ein kleiner dicker Schneemann
stand einsam vor sich hin.
Es dauerte nicht lange,
da wurde ihm ganz bange.

Ein kleiner dicker Schneemann
zitterte ganz mächtig.
Er fühlte sich allein,
und doch er war zu zwei'n.

Ein kleiner dicker Schneemann
hörte ein Geräusch.
Und vor lauter Schreck,
flog ihm die Nase weg.

Ein kleiner dicker Schneemann
hat sie nun bemerkt.
Doch die kleine Meise,
geht wieder auf die Reise.

Ganz egal

Kommt der Weihnachtsmann geritten,
oder kommt er mit 'nem Schlitten?
Ganz egal, wie er es macht,
heissa, heut' ist Weihnachtsnacht.

Was steht denn heute auf dem Tisch,
doch nicht schon der Silvesterfisch,
na ganz egal, was wir auch speisen,
der Weihnachtsmann wird zu uns reisen.

Nun stapft er auch vor unser Haus
und holt all die Geschenke raus,
doch ganz egal, wer zuerst dran,
ein jeder kriegt vom Weihnachtsmann.

Ja, heute ist ein schöner Tag,
wie ich ihn ganz besonders mag,
und ganz egal, wie jeder singt,
wenn unser Weihnachtslied erklingt.

Ein Wintergedicht

Der Schnee,
er fällt in dichten Flocken,
er will uns aus dem Haus raus locken.

Die Sonne,
sie lässt die Flocken funkeln,
es scheint, sie glänzen noch im Dunkeln.

Im Winter,
da ist es so wunderschön,
wir wollen schnell nach draußen gehen.

Und draußen,
da spielen wir im Schnee,
im Winter ist es schön, juchhe!

Ratz, patz, pütz

Ratz, patz, pütz,
heut' brauch ich eine Mütz'.

Ratz, patz, pal,
heut' brauch ich einen Schal,

Ratz, patz, piefel,
heut' brauch ich warme Stiefel,

Ratz, patz, pinter,
ich glaube, es ist Winter.

Schulgedicht

In der Schule früh um achte,
saß ich vor mich hin und dachte:

Zahlen mag ich, ist doch klar,
Rechnen find ich wunderbar,
doch wenn vor mir Emil meckert,
mir vor Schreck die Tinte kleckert!

Und in Deutsch ist's ebenso,
Schreibenlernen macht mich froh,
doch wenn plötzlich Anna-Lena plärrt,
schreibe ich den Text verkehrt!

Freue ich mich dann auf's Lesen
und die vielen Fabelwesen,
ist es manchmal wirklich dumm,
wenn ganz schnell die Stunde um!

Dann gibt es auch noch die Musik,
wo ich gute Noten krieg,
bis der Theo so laut röhrt,
dass es die ganze Klasse stört!

In Kunst muss ich mich konzentrieren,
um ein Kunstwerk zu kreieren,
doch vom Max, der Stuhl der kracht,
dass sogar der Lehrer lacht!

Nun, was soll ich dazu sagen,
ich muss wohl mal die Großen fragen,
was ich da nun machen soll,
denn ich finde Schule toll!

Ja, gerne gehe ich dahin,
Lernen macht für mich doch Sinn,
und ich kann es kaum erwarten,
nach den Ferien neu zu starten!

BVK DE63 • Ilka Köhler: „Kreative Sprachspiele und Sprechanlässe"

KREATIVE
Sprachspiele und Sprechanlässe

Eigene Gedichte verfassen

Ihr könnt natürlich auch eigene Gedichte schreiben. Anschließend könnt ihr sie vortragen und auf einem großen Plakat sammeln! Diese verschiedenen Reimmöglichkeiten gibt es:

Haufenreim:
Es reimen sich die jeweils letzten Wörter der aufeinanderfolgenden Verse.

Beispiel:
- a   Der Frühling ist ganz zauberhaft,
- a   wenn alles blüht in neuem Saft,
- a   und wenn der Frühlingssonne Kraft,
- a   die letzten Reste Schnee wegschafft.

Paarreim:
Es reimen sich die jeweils letzten Wörter von zwei aufeinanderfolgenden Versen.

Beispiel:
- a   1000 kleine Waser**tropfen**
- a   hör ich an mein Fenster **klopfen.**
- b   Manche laut und manche **leise,**
- b   jeder klopft auf seine **Weise.**

Kreuzreim / Wechselreim:
Es reimen sich die letzten Wörter jedes zweiten Verses.

Beispiel:
- a   Manchmal scheint die Sonne **hell,**
- b   manchmal gibt es **Regen.**
- a   Manchmal laufen Kinder **schnell,**
- b   und wollen sich **bewegen.**

Blockreim / umfassender / umschließender Reim:
Hierbei steht zwischen einem Reimpaar noch ein weiterer Reim.

Beispiel:
- a   Hurra, hurra, der Sommer, der ist da!
- b   Im Sommer gibt es keinen Schnee,
- b   drum geh'n wir baden an den See.
- a   Hurra, hurra, der Sommer, der ist da!

Elfchen:
Der Aufbau eines Elfchen richtet sich nach der Anzahl der verwendeten Wörter.

1. Zeile:	1 Wort	Beispiel: Sommerabend
2. Zeile:	2 Wörter	die Sonne
3. Zeile:	3 Wörter	geht langsam unter
4. Zeile:	4 Wörter	bald ist es dunkel
5. Zeile:	1 Wort	Sommernacht

Haiku:
Der Aufbau eines Haiku richtet sich nach der Anzahl der verwendeten Silben.

1. Zeile:	5 Silben	Beispiel: Som-mer-fe-ri-en
2. Zeile:	7 Silben	die Son-ne geht spät un-ter
3. Zeile:	5 Silben	es ist lan-ge hell

BVK DE63 • Ilka Köhler: „Kreative Sprachspiele und Sprechanlässe"

Abzählreimspiel

Stellt euch in einen Kreis oder in eine Reihe. Nun darf das erste Kind mit einem Abzähl-reim beginnen. Das Kind, welches abgezählt wurde, muss mit einem anderen Abzählreim weitermachen. Wer kann sich besonders viele Abzählreime merken? Fällt dem abgezähl-ten Kind kein weiterer Reim mehr ein, muss es ausscheiden. Nun geht das Spiel wieder von vorn los.

Einigt euch vorher, ob ihr in den nächsten Runden die gleichen Reime noch einmal ver-wenden dürft. Als kleine Hilfe stehen auf dieser Seite noch einige neue Abzählreime für euch.

Dreimal darfst du raten

Dreimal darfst du raten,
im Ofen schmort der Braten.
Im Ofen liegt der Speck
und du bist weg!

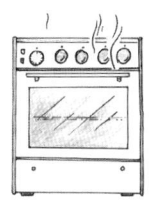

Schnieddel, daddel Dapfel

Schnieddel, daddel Dapfel,
jeder isst 'nen Apfel.
Schnieddel, daddel dann
und du bist dran!

Ringel, Ringel, Rosen

Ringel, Ringel, Rosen,
der Max trägt Hosen,
die Maxi hat ein Kleidchen an
und du bist dran!

Schnieddel, daddel Dosen

Schnieddel, daddel Dosen,
schöne rote Rosen.
Schnieddel, daddel daus,
und du bist raus!

Lirum, Larum, Entengrütze

Lirum, Larum, Entengrütze,
jeder springt in eine Pfütze.
Doch wer kommt nicht vom Fleck,
der ist jetzt weg!

Schnieddel, daddel Deier

Schnieddel, daddel Deier,
zum Frühstück gibt es Eier.
Schnieddel, daddel dei,
und du bist frei!

Wunderschöner Sonnenschein

Wunderschöner Sonnenschein
scheint in unser Haus hinein.
Scheint durchs ganze Haus
und du bist raus!

**1, 2, 3, wir wünschen euch
viel Spaß dabei!**

BVK DE63 • Ilka Köhler: „Kreative Sprachspiele und Sprechanlässe"

Klassenreime

Bestimmt einen Schüler, der die erste Wortgruppe oder den ersten Satz in eurem Klassenreim sagen darf, z. B.: „Die Lilo ist ganz bunt …"

Der nächste Schüler muss nun eine lustige Reimwortgruppe dazuerfinden, z. B.: „und hat einen gepunkteten Hund."

Der nun folgende Schüler muss entweder einen weiteren Reim dazu finden („der ist ganz kugelrund …") oder sich eine neue Wortgruppe ausdenken. Diese sollte aber mit dem letzten Reimwort beginnen, also hier: „Hund": „Der Hund, der hat vier Beine …" – „… und geht nicht an der Leine …"

Tipps:
Ihr könnt das Spiel natürlich auch nur mit einzelnen Reimwörtern spielen. Dabei fängt wieder ein Mitspieler an, er sagt jedoch nur ein einzelnes Wort. Anschließend muss jeder Mitspieler ein Reimwort zu dem erstgesagten Wort suchen, z. B.: bunt – Hund – rund – Mund – kund – Schlund …

Findet jemand kein Reimwort, bekommt er einen Strich oder muss ein Pfand abgeben. Dann sucht er ein neues Wort aus.

Reimwörter

Bei diesem Spiel kommt es darauf an, möglichst viele zueinanderpassende Reimwörter zu finden.

Bestimmt einen Schüler, der das erste Wort in diesem Spiel sagen darf, z. B. „Maus".

Die anderen Schüler sagen abwechselnd alle Wörter, die als Reimwörter in Frage kommen. Achtung: Hierbei kann es auch vorkommen, dass die Reimwörter unterschiedlich geschrieben werden und aus verschiedenen Wortarten stammen, z. B.: Maus – Haus – Klaus – Strauß – aus.

Wenn euch kein weiteres Wort einfällt, könnt ihr mit einem anderen Wort das Spiel neu beginnen.

Ihr könnt auch die Klasse in zwei Gruppen einteilen, wobei die Schüler der Gruppe „A" möglichst viele Reimwörter suchen müssen. Die Mitspieler der Gruppe „B" zählen die Wörter mit und achten darauf, dass sich auch wirklich alle Wörter reimen. Anschließend werden die Gruppen gewechselt. Sieger ist die Gruppe, die zum Schluss die meisten Reimwörter gefunden hat.

Reimmemory (1)

Ihr kennt bestimmt ein Memory-Spiel mit Bildern. Hier könnt ihr Memory mit Wörtern spielen. Die Regeln sind dieselben wie bei jedem anderen Memory-Spiel auch. Ziel bei diesem Spiel ist es, möglichst viele Reimwortpaare zu finden. Dafür müsst ihr euch die Wörter genau durchlesen.

Wer ein Pärchen gefunden hat, spricht beide Reimwörter noch einmal laut aus, um zu sehen, ob sie auch zueinanderpassen.

Topf	Wand	Dach	Keller	Rauch
Kopf	Sand	Schach	schneller	Schlauch
Rutsche	Spiel	Regen	Ast	Ohr
Kutsche	viel	Segen	Mast	Chor
Schluss	Flasche	Leine	Glocke	Bauer
Kuss	Tasche	Beine	Flocke	Mauer
Nase	Tisch	Kind	Gespenster	Wurm
Vase	Fisch	Rind	Fenster	Turm
Maus	Nudel	Kerze	Schnecke	Buch
Haus	Pudel	Scherze	Hecke	Tuch

BVK DE63 • Ilka Köhler: „Kreative Sprachspiele und Sprechanlässe"

Galgenmännchen

Hier muss möglichst schnell das gesuchte Wort gefunden werden, indem die richtigen Buchstaben ausgewählt werden.

Wählt zwei Schüler aus: einen, der das erste (möglichst lange) Wort bestimmen darf, und einen, der mit dem Raten beginnt. Der Spielleiter, der das Wort bestimmen darf, macht an der Tafel für jeden Buchstaben seines Wortes einen Unterstrich, z. B. bei dem Wort „Sonnenschein": _ _ _ _ _ _ _ _ _ _ _ _ .

Nun muss der andere versuchen, das gesuchte Wort zu erraten. Er beginnt und nennt einen Buchstaben. Kommt der Buchstabe in dem gesuchten Wort vor, schreibt der Spielleiter den Buchstaben auf den / die entsprechenden Unterstrich(e).

Kommt der Buchstabe nicht in dem Wort vor, bekommt der Spieler einen Strich am Galgenbaum. So geht es nun immer weiter. Ist der Galgen vollständig gezeichnet, bevor das richtige Wort erraten wurde, hat der Ratende verloren und der Spielleiter darf sich ein neues Wort ausdenken. So wird der Galgen gezeichnet:

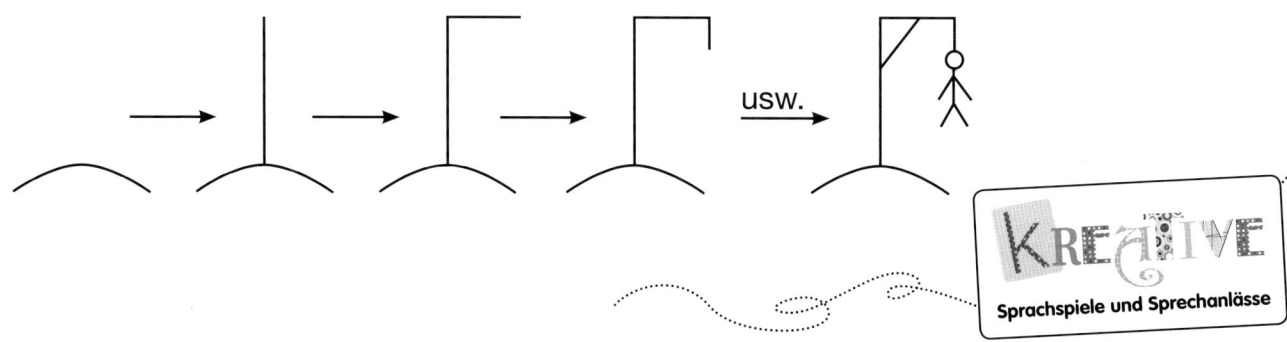

Ich sehe ein Wort …

Ihr kennt bestimmt alle das Spiel „Ich sehe was, was du nicht siehst …". Hier wird genauso gespielt, aber nicht mit Farben, sondern mit Buchstaben.

Wählt einen Schüler, der das erste Wort (= ein Wort zu einem Gegenstand im Klassenzimmer) in diesem Spiel sagen darf. Dieser Mitspieler beginnt mit den Worten:
„Ich sehe ein Wort, das du nicht siehst, und das beginnt mit … (B)."
Ziel ist es, das gesuchte Wort zu finden.

Die anderen Schüler sagen nun alle Wörter von Gegenständen, die sich in ihrer Sichtweite befinden und die mit dem gesuchten Buchstaben beginnen. Im Falle von einem B z. B.: Buch, Bananen, Bilder, Blume, Bleistift, Brotdose. Der Schüler, der das gesuchte Wort gefunden hat, darf mit einem anderen Buchstaben das Spiel neu beginnen.

Tipp:
Natürlich könnt ihr auch ein Wort mit einem bestimmten Endlaut oder mit einer bestimmten Endung suchen, z. B.:
„Ich sehe ein Wort, das du nicht siehst, und das endet auf … (r)."
„Ich sehe ein Wort, das du nicht siehst, und das endet mit … (-ung)."

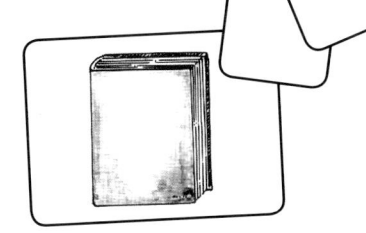

Lexikon

Material: 1 Stoppuhr oder 1 Eieruhr, Buchstabenkärtchen (s. S. 23),
evtl. 1 nicht durchsichtiger Beutel

Bei diesem Spiel kommt es darauf an, möglichst viele Wörter zu finden, die mit dem
gesuchten Anlaut beginnen. Die Buchstabenkärtchen werden gut gemischt und an-
schließend mit der Rückseite nach oben auf einen Stapel oder in den Beutel gelegt.
Bestimmt nun einen Schüler, der den ersten Buchstaben in diesem Spiel ziehen darf.
Dieser Mitspieler beginnt mit den Worten: „Mein Buchstabe ist ein ‚O'." Nun muss der
Schüler möglichst viele Wörter sagen, die mit diesem Buchstaben beginnen, z. B.:
„O" – Ofen, Opa, Oma, Orangen, Opernsänger …
Dabei wird die Zeit (z. B. eine Minute) gestoppt.
Die anderen Mitspieler zählen die Wörter mit und achten darauf, ob auch wirklich alle
Wörter mit diesem Buchstaben beginnen! Anschließend ist der nächste Schüler an der
Reihe. Sieger ist, wer zum Schluss die meisten Wörter gewusst hat.

Tipp:
Überlegt euch vorher, ob ihr dieses Spiel auf Wortarten beschränken möchtet,
also z. B. ob nur Nomen (Namenwörter) erlaubt sind.

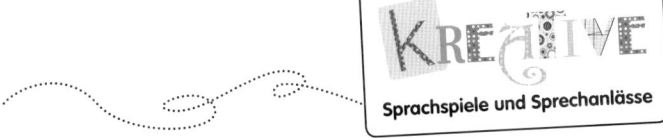

Speisekarte

Bei diesem Spiel müssen Speisen gefunden werden, die mit dem
gesuchten Anlaut beginnen.
Bestimmt einen Schüler, der sich das erste Wort in diesem Spiel
ausdenken darf, z. B. „Apfelsaft". Dieser Mitspieler beginnt mit
den Worten: „Meine Speisekarte enthält ein A."
Die anderen Schüler nennen nun Speisen, Nahrungsmittel oder Getränke, die mit dem
gesuchten Buchstaben beginnen: „A" – Ananas, Auberginen, Aal, Apfel, Apfelsaft …
Der Schüler, der das gesuchte Wort gefunden hat, darf das Spiel mit einem anderen
Buchstaben neu beginnen.

Tipps:
• Natürlich kann eure Speisekarte auch eine Speise mit einem bestimmten Endlaut
  enthalten: „N" – Kuchen, Nudeln, Tomaten, Möhren …
• Oder ihr einigt euch auf eine bestimmte Mahlzeit oder Speisenart: warme Speisen,
  Getränke, Süßspeisen …

BVK DE63 • Ilka Köhler: „Kreative Sprachspiele und Sprechanlässe"

Buchstabenspiel (1)

Material: ausgeschnittene Buchstabenkärtchen (s. S. 23 – 24), ausgeschnittene Kärtchen mit Oberbegriffen (s. S. 21 – 22)

Dieses Spiel funktioniert ähnlich wie das Spiel „Stadt, Land, Fluss". Ihr benötigt hierfür die Buchstabenkärtchen und die Karten mit den Oberbegriffen. Die Kärtchen werden gemischt und jeweils verdeckt auf einen Stapel gelegt.
Nun beginnt ein Mitspieler, die ersten beiden Karten aufzudecken und erhält z. B.: „B" + „Stadt".
Wer als Erster eine Lösung gefunden hat, z. B. „Berlin", darf diese in den Raum rufen.
Ziel ist es, möglichst viele der Spielkarten mit den Oberbegriffen zu ergattern.
Gibt es zu einem Buchstaben keine Lösung, so wird ein neuer Buchstabe aufgedeckt.
Die benutzen Buchstabenkarten werden wieder unter den Stapel geschoben.

Oberbegriffe:

Tier	Beruf	Jungenname
Land	Pflanze	Sänger / Sängerin
Gemüse	Stadt	Schriftsteller / Schriftstellerin
Mädchenname	Märchenfigur	Fluss / See / Meer
Buch	Kinderfilm	Gericht
Hauptstadt	Nachname	elektronisches Gerät

Buchstabenspiel (2)

Körperteil	Obst	Spielzeug
Kleidungsstück	Sportart	Comicfigur
Fahrzeug	Baum	Weihnachtsbaum-schmuck
Möbelstück	Farbe	Sportler / Sportlerin
Gebäude	Automarke	Küchenzubehör
Verb (Tuwort)	Adjektiv (Wiewort)	Nomen (Namenwort)

Buchstabenkärtchen

A	B	C	D	E	F
G	H	I	J	K	L
M	N	O	P	Q	R
S	T	U	V	W	X
Y	Z	A	A	B	B
D	D	E	E	F	G
G	H	H	I	K	K
L	L	M	M	N	N
O	O	P	P	R	R
S	S	T	T	U	U

BVK DE63 • Ilka Köhler: „Kreative Sprachspiele und Sprechanlässe"

KREATIVE
Sprachspiele und Sprechanlässe

An- und Endlaut-Wortreihe

Wählt einen Schüler, der das erste Wort eurer An- und Endlaut-Wort-
reihe sagen darf, z. B.: „Ananas".
Der nun folgende Schüler muss ein Wort finden, welches mit dem Endlaut
des vorherigen Wortes anfängt, z. B.: „**S**onnenschei**n**" – „**N**as**e**" – „**E**isbär".

Hierbei ist es wichtig, immer den genauen Anlaut / Endlaut herauszuhören. Besonders
knifflig wird es bei Wörtern mit einem Endlaut wie d / t oder g / k.
Das Spiel geht entweder so lange, bis dem nachfolgenden Schüler oder aber bis keinem
von euch mehr ein Wort zu dem vorgegebenen Laut einfällt.

Tipps:

Probiert doch auch einmal andere Varianten dieses Spieles aus. Ihr könnt auch:
- nur zusammengesetzte Nomen verwenden
- nur bestimmte Wortarten verwenden
- nur Wörter zu bestimmten Oberbegriffen zulassen, z. B. Obst, Tier

Fallen euch noch weitere Möglichkeiten ein?

BVK DE63 • Ilka Köhler: „Kreative Sprachspiele und Sprechanlässe"

Synonyme (Bedeutungsgleichlinge)

**Dann
dann
dann**

Kennt ihr Erzählungen, in denen immer dieselben Wörter vorkommen?
Das wird für den Zuhörer schnell langweilig, z. B.: Wir waren am Strand.
Dann gingen wir zum Parkplatz. Dann fuhren wir nach Hause. Dann gingen wir ins Haus.
Dann, dann, dann …

Bei diesem Spiel kommt es darauf an, Wörter zu finden, die eine gleiche Bedeutung
haben, aber nicht dieselben Wörter sind.
Wählt einen Schüler, der das erste häufig verwendete Wort sagen darf, z. B.: „dann".
Die anderen Schüler sagen nun abwechselnd Wörter, die als Synonyme (Bedeutungsgleichlinge) in Frage kommen, z. B.: „dann" – danach, hinterher, als Nächstes …

Wenn euch kein weiteres Wort einfällt, könnt ihr das Spiel mit einem anderen Wort neu
beginnen, z. B.: langsam gehen (bummeln, schlendern …).

Tipp:

Nutzt die Wortstreifen für eure gefundenen Synonyme. Schreibt jeweils ein Wort auf
einen Wortstreifen und bindet die zueinanderpassenden Bedeutungsgleichlinge mit
einem Faden zusammen. Ihr könnt sie für eure Erzählungen nutzen.

Wortstreifen

Ich packe meinen Koffer

Hier müsst ihr euch die bereits gesagten Wörter merken.
Wählt einen Schüler, der den ersten Gegenstand in den Koffer packen
darf. Dieser Mitspieler beginnt mit den Worten: „Ich packe meinen Koffer und ich packe
eine *Hose* hinein."
Der folgende Spieler muss sich nun merken, was sein Vorgänger in den Koffer gepackt
hat, es wiederholen und selbst etwas hinzufügen: „Ich packe meinen Koffer und ich
packe eine *Hose* und ein *Handtuch* hinein."
Der nun folgende Spieler wiederholt, was die zwei in den Koffer gepackt haben, und
ergänzt wiederum einen Gegenstand: „Ich packe meinen Koffer und ich packe eine
Hose, ein *Handtuch* und ein *T-Shirt* hinein."
So geht es immer weiter. Sagt jemand etwas Falsches oder hat er etwas vergessen,
muss er ausscheiden, ein Pfand abgeben oder er bekommt einen Strich.

Tipps:

Probiert auch andere Varianten dieses Spieles aus. So könnt ihr auch:
- nur Wortgruppen aus Nomen und Adjektiv einpacken (z. B. warme Socken,
  saubere Hosen …)
- nur Wörter aus einer Kategorie einpacken (z. B. Spielzeug,
  Obst).

Silbenendloswörterquatsch (1)

Bei diesem Spiel kommt es darauf an, möglichst lange Wörter zu bil-
den, die mit der genannten Silbe beginnen. Ihr könnt die Silben auch
klatschen.
Wählt einen Schüler, der die erste Silbe in diesem Spiel sagen darf, z. B.: „Weih-"
Der nächste Schüler wiederholt diese Silbe und fügt noch eine weitere Silbe dazu:
„Weih-nachts-". So geht es nun immer weiter. Fällt einem der Mitspieler keine passende
Silbe mehr ein, dürfen ihm die anderen natürlich helfen.

„Weih-nachts-mann"
„Weih-nachts-mann-ren"
„Weih-nachts-mann-ren-tier"
„Weih-nachts-mann-ren-tier-schlit"
„Weih-nachts-mann-ren-tier-schlit-ten"
„Weih-nachts-mann-ren-tier-schlit-ten-glöck"
„Weih-nachts-mann-ren-tier-schlit-ten-glöck-chen"

Wie lang wird euer Silbenendloswörterquatsch?

BVK DE63 • Ilka Köhler: „Kreative Sprachspiele und Sprechanlässe"

Silbenendloswörterquatsch (2)

Mit dieser Kopiervorlage könnt ihr für euren Silbenendloswörterquatsch eine Silbenend-loswörterquatschschlange basteln.

Schreibt euer Silbenendloswörterquatschwort auf die Vorlage und schneidet die Schlange anschließend aus. Nun könnt ihr sie lochen, mit einem Faden versehen und als Windspiel in eurem Zimmer oder Klassenraum aufhängen.

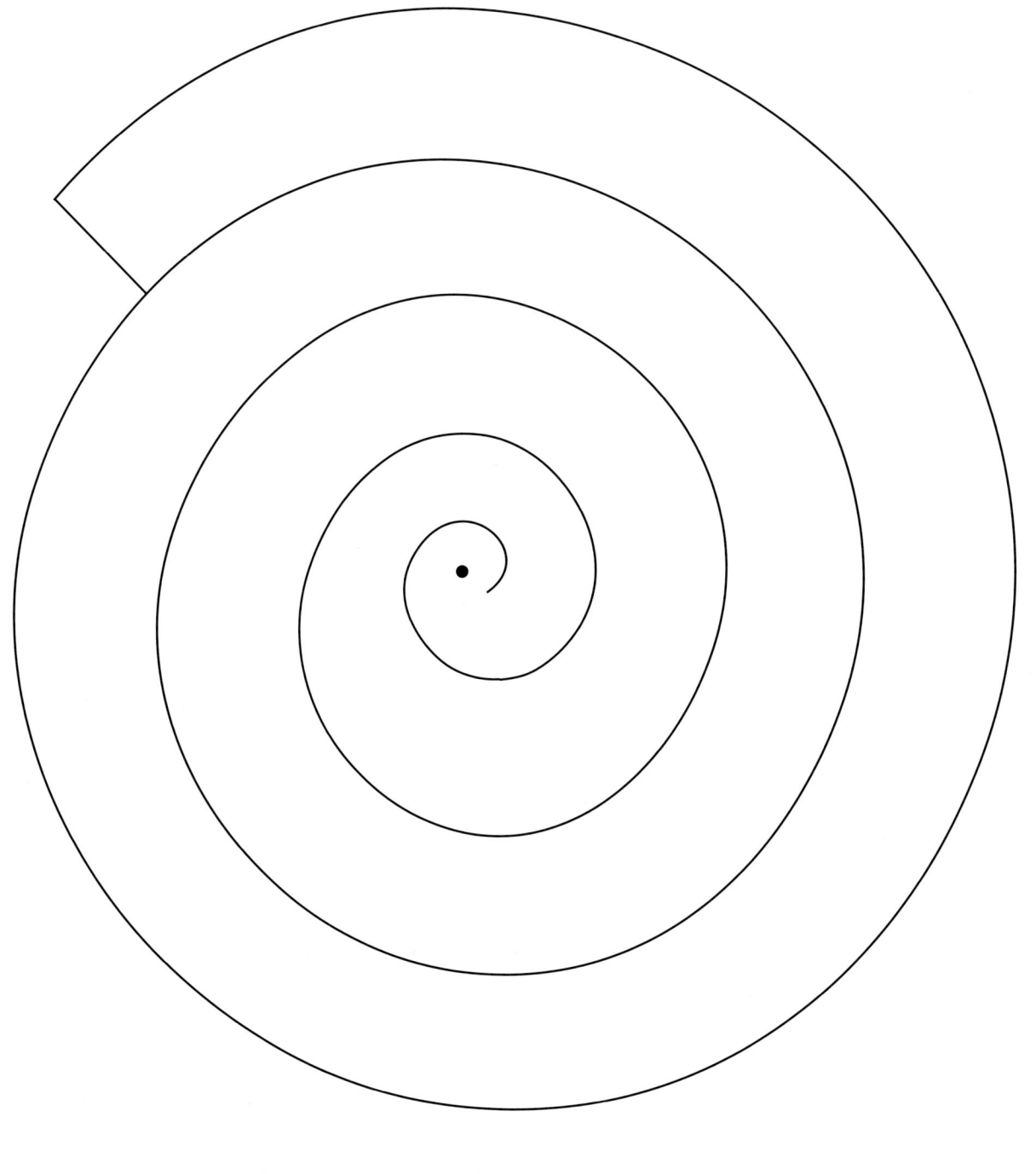

KREATIVE
Sprachspiele und Sprechanlässe

Teekesselchen

Könnt ihr Wörter finden, die zwar gleich klingen, aber eine unterschiedliche Bedeutung haben? Beispiel: Man kann ein Lied singen, es gibt jedoch auch ein Lid am Auge. Die Wörter „Lied" und „Lid" nennt man daher auch „Teekesselchen".

Jeweils zwei Mitspieler arbeiten als Partner zusammen und suchen sich ein Teekesselchen aus. Ein Paar beginnt mit dem Spiel. Beide Mitspieler erzählen jeweils eine Sache zu ihrem gesuchten Wort:
• „Mein Teekesselchen kann man nicht anfassen." (Lied)
• „Mein Teekesselchen hat jeder Mensch." (Lid)

Die anderen Mitspieler müssen nun das Teekesselchen erraten. Können die Mitspieler das Teekesselchen nicht erraten, müssen immer mehr Hinweise gegeben werden.

Derjenige Mitspieler, der das gesuchte Wort errät, ist nun gemeinsam mit seinem Partner an der Reihe und darf sein Teekesselchen erklären.

Weitere Beispiele: Birne – Glühbirne; Blatt Papier – Baumblatt; Heftpflaster – Straßenpflaster; Hahn – Wasserhahn; Vogel Strauß – Blumenstrauß …

Wer macht was? (Berufe)

Material: 1 Ball

Bei diesem Spiel kommt es darauf an, die passenden Verben (Tuwörter) zu finden.
Alle Mitspieler sitzen in einem Kreis. Wählt einen Schüler, der das Spiel beginnt. Er hält einen Ball in der Hand. Diesen wirft er einem Mitspieler zu und nennt dabei einen selbst gewählten Beruf. Dabei fragt er: „Was macht … (der Gärtner)?"
Der Mitschüler, dem der Ball zugeworfen wird, muss diesen fangen. Anschließend sagt er, so schnell er kann, drei passende Verben, z. B.: „Der Gärtner gießt, sät und pflanzt."

Danach wirft der Schüler den Ball weiter und nennt dabei einen neuen Beruf. Fällt einem Schüler keine passende Antwort ein, gibt er einen Pfand ab oder er muss ausscheiden.

Tipp:
Ihr könnt das Spiel auch spielen, indem ihr statt der Berufe Gegenstände auswählt und die dazu passenden Tätigkeiten sucht, z. B.:
„Was kann ich alles mit einem Stuhl machen?" → „Ich kann einen Stuhl herstellen, darauf sitzen und ihn polstern."

Was ist es?

Hier müssen Wörter umschrieben werden. Jeder Mitspieler überlegt sich zuerst jeweils ein Wort. Wenn ihr das Spiel zum ersten Mal spielt, bieten sich Nomen (Namenwörter) an. Ein Kind beginnt und umschreibt sein Wort, so gut es kann. Dabei darf es das Wort selbst natürlich nicht nennen, z. B.: der Stuhl – man kann darauf sitzen – er hat eine Lehne – er kann aus Holz, Plastik, Metall oder Naturmaterialien hergestellt sein.

Die anderen Mitspieler müssen das gesuchte Wort erraten. Dabei rufen sie ihre möglichen Lösungswörter in den Raum. Der Erklärer antwortet nur mit „ja" und „nein". Ist die richtige Lösung gefunden, so ist der Spieler mit der richtigen Antwort der neue Erklärer.

Tipps:
Ihr könnt euch auch:
• auf Wörter aus einer Kategorie (z. B. Obst) einigen.
• die benötigten Erklärungen für richtige Antworten mit Punkten bewerten:
  1 Erklärung 100 Punkte, 2 Erklärungen 90 Punkte …

BVK DE63 • Ilka Köhler: „Kreative Sprachspiele und Sprechanlässe"

Was passt nicht?

Bei diesem Spiel kommt es darauf an, zusammengehörige Dinge zuzuordnen! Jeder Mitspieler überlegt sich zuerst drei Wörter, und zwar zwei Wörter, die zusammenpassen und ein drittes, welches nicht dazupasst, z. B.:

rot	blau	Vogel
Stuhl	Auto	Schrank

Wählt einen Schüler, der die ersten drei Wörter in diesem Spiel sagen darf.
Der nachfolgende Schüler hat nun die Aufgabe, aus diesen Wörtern das nicht passende herauszusuchen. Hat er es gefunden, darf er mit seinen drei Wörtern weitermachen. Hat er das falsche Wort nicht gefunden, versucht der nächste Schüler, die Aufgabe zu lösen.

Tipps:
Achtet darauf, dass die Aufgabe auch lösbar ist. Schwierig wird es, wenn sich zwei mögliche Lösungen ergeben, z. B.:

rot	blau	Ball

Richtig könnten sein: Rot und Blau als Farben oder blau und Ball beginnen beide mit „B". Versucht auch, mehr als drei Wörter zu verwenden.

BVK DE63 • Ilka Köhler: „Kreative Sprachspiele und Sprechanlässe"

BVK DE63 • Ilka Köhler: „Kreative Sprachspiele und Sprechanlässe"

Wörterkette

Könnt ihr möglichst viele zusammengesetzte Nomen (Namenwörter) miteinander verbinden?

Wählt einen Schüler, der das erste Wort von eurer Wörterkette sagen darf, z. B.: „Bade-Mantel".

Die nachfolgenden Schüler müssen nun immer ein Wort finden, welches mit dem zweiten Wort des zusammengesetzten Nomens anfängt: „Mantel-Tasche" – „Taschen-Uhr" – „Uhr-Zeit" – „Zeit-Plan" – „Plan-Quadrat" – „Quadrat-Kilometer" …

Das Spiel geht entweder so lange, bis dem nachfolgenden Schüler, oder aber bis keinem von euch mehr ein weiteres Wort zu der Wörterkette einfällt.

Schafft ihr es vielleicht sogar, eure Wörterkette wieder zu schließen? Dazu müsst ihr das letzte und das erste Wort miteinander verbinden.

Tipps:

• Zählt mit, wie viele Wörter eure Wörterkette hat! Könnt ihr das noch überbieten?

• Bastelt eine Wortkette, indem ihr die Wörter aufschreibt, ausschneidet und aneinanderklebt. Es ist spannend zu sehen, wie lang diese Wörterkette wird.

Wörterkisten

Material: 1 Stoppuhr oder 1 Eieruhr

Hier kommt es darauf an, möglichst viele Wörter demselben Oberbegriff zuzuordnen.

Teilt eure Klasse in zwei Gruppen. Wählt eine Gruppe „A", welche die erste Wörterkiste füllen darf. Die andere Gruppe „B" nennt nun einen Oberbegriff, z. B. Gemüsesorten. Jetzt dürfen die Schüler der Gruppe „A" möglichst viele Wörter sagen, die zu diesem Oberbegriff passen. Dabei wird die Zeit (z. B. eine Minute) gestoppt.

Mögliche Antworten: „Gemüsesorten" – Karotten, Erbsen, Bohnen …

Die Mitspieler der Gruppe „B" zählen die Wörter mit und achten darauf, ob auch wirklich alle zu dem Oberbegriff passen! Anschließend werden die Gruppen gewechselt. Sieger ist die Gruppe, die zum Schluss die meisten Wörter in ihre Wörterkisten gepackt hat.

Tipp:

Ihr könnt auch einen Mitspieler wählen, der mitschreibt, wie viele Wörter die Gruppe jeweils in ihre Wörterkiste „gefüllt" hat.

Abkürzsätze

Bei diesem Spiel geht es darum, alle Buchstaben eines Wortes für einen neuen Satz zu nutzen.

Wählt einen Schüler aus, der das erste Wort in diesem Spiel sagen darf, z. B.: Ameise oder Engel. Der nachfolgende Schüler hat nun die Aufgabe, aus diesen Buchstaben einen komischen Satz zu bilden. Denkt daran, was ihr schon über den Aufbau eines Satzes wisst!

Beispiel:

Ameise → **A**m **M**ontag **e**ilt **I**lse **s**ehr **e**msig.

Engel → **E**ines **N**achts **g**ing **E**lke **l**esen.

Die lustigsten Sätze könnt ihr auch aufschreiben und daraus ein Plakat gestalten.

Tipps:

Ihr könnt euch auch:
- auf eine Buchstabenanzahl einigen (z. B. nicht mehr als acht oder nicht weniger als vier Buchstaben) oder
- nur Wörter aus einer Kategorie (z. B. Nomen, Adjektive) verwenden

Endlossätze

Bei diesem Spiel kommt es darauf an, möglichst lange Sätze zu bilden. Der Satz sollte vom Satzaufbau her korrekt sein, kann also auch Nebensätze enthalten. Der Inhalt der Sätze darf gerne lustig oder verrückt sein. Wählt einen Schüler aus, der das erste Wort in diesem Spiel sagen darf, z. B.: „Heute". Der nächste Schüler wiederholt dieses Wort und fügt noch ein weiteres hinzu. So geht es nun immer weiter, bis sich der Satz nicht mehr verlängern lässt.

„Heute Morgen ging"

„Heute Morgen ging ich"

„Heute Morgen ging ich bei"

„Heute Morgen ging ich bei prächtigem Sonnenschein gut gelaunt in den riesigen Garten meiner Großeltern, weil ich nämlich Hunger auf frisches Gemüse hatte, und holte mir einige der dicken, roten Radieschen, die ich dort im Frühjahr mit meinem geliebten Opa ausgesät hatte, um sie anschließend mit viel Freude und großem Hunger zu verspeisen."

Fällt einem Mitspieler kein passendes Wort mehr ein, dürfen ihm die anderen helfen.

Tipps:

- Zählt mit, wie viele Wörter euer Endlossatz hat!
- Ihr könnt aus den Sätzen auch eine Geschichte bilden.

Sätze beenden

Material: 1 Ball

Könnt ihr angefangene Sätze schnell und sinnvoll beenden?
Wählt einen Schüler aus, der bei diesem Spiel anfangen darf. Alle Mitspieler sitzen in einem Kreis. Ein Mitspieler hält den Ball in der Hand. Er beginnt mit dem ersten Satz: „Heute morgen hätte ich gerne länger geschlafen, …"

Nun wirft er den Ball einem seiner Mitschüler zu. Dieser muss den Ball fangen und den begonnenen Satz zügig und sinnvoll beenden: „… weil ich so schön geträumt habe." Danach beginnt er mit dem nächsten Satz und wirft den Ball weiter an einen anderen Mitschüler. Fällt einem Schüler nichts Passendes ein, gibt er entweder ein Pfand ab oder er muss ausscheiden.

Tipp:

Ihr könnt euch auch darauf einigen, aus euren Sätzen eine Geschichte zu bilden:
„Im Traum war ich im Urlaub …" – „… an der Ostsee. – Da habe ich Muscheln gesammelt …" – „… und die Schiffe beobachtet."

Stille Post

Sicher kennt ihr das Spiel „Stille Post". Bei diesem Spiel sind zwei Dinge besonders wichtig: Ihr müsst ganz leise flüstern und gut zuhören können!
Setzt euch am besten dicht nebeneinander in einen Kreis. Bestimmt nun einen Mitspieler, der sich einen Satz ausdenkt und mit dem Spiel beginnt. Der Mitspieler muss seinen Satz leise aber deutlich in das Ohr seines Nachbarn flüstern. Am besten haltet ihr eure Hände vor Ohr und Mund, sodass die anderen den Satz nicht von euren Lippen ablesen können. Nun wird der Satz von einem Nachbarn zum nächsten geflüstert. Ist der Satz beim letzten Mitspieler angekommen, darf dieser ihn laut sagen. Ist der Satz richtig angekommen? Prima! Wenn nicht, darf der erste Spieler seinen Satz laut sagen.

Tipps:

- Um es noch schwieriger zu gestalten, könnt ihr auch besonders lange Sätze oder Zungenbrecher flüstern.
- Einigt euch am besten vorher, ob der Flüsterer den Satz auch noch einmal wiederholen darf, wenn der Zuhörer ihn nicht verstanden hat.

BVK DE63 • Ilka Köhler: „Kreative Sprachspiele und Sprechanlässe"

Vergleiche (1)

Vergleiche die beiden Kinder miteinander und beschreibe deinen Mitschülern: Was ist gleich, was ist ungleich? Finde mindestens 5 Gemeinsamkeiten und 5 Unterschiede! Sprich in ganzen Sätzen!

Vergleiche die beiden Tiere miteinander und beschreibe deinen Mitschülern: Was ist gleich, was ist ungleich? Finde mindestens 5 Gemeinsamkeiten und 5 Unterschiede! Sprich in ganzen Sätzen!

BVK DE63 • Ilka Köhler: „Kreative Sprachspiele und Sprechanlässe"

Vergleiche (2)

Vergleiche die beiden Bäume miteinander und beschreibe deinen Mitschülern: Was ist gleich, was ist ungleich? Finde mindestens 5 Gemeinsamkeiten und 5 Unterschiede! Sprich in ganzen Sätzen!

✂ ....

Zungenbrecher

Lies dir zuerst die folgenden Sätze durch! Jeder einzelne Satz ist ein Zungenbrecher. Versuche nun, die Sätze möglichst schnell fehlerfrei aufzusagen.
Veranstaltet im Anschluss in eurer Klasse einen kleinen Zungenbrecher-Schnellsprecher-Wettbewerb!

Acht alte Affen aßen abends Ananas, abends aßen acht alte Affen Ananas.

Düse, der Dackel, düste durch Duisburg, durch Duisburg düste der Dackel Düse.

Emil, ein Esel, eilt Erika entgegen, Erika entgegen eilt Emil, ein Esel.

Hansens Hasen hopsen heute hoch, hoch hopsen heute Hansens Hasen.

Tipps:
- Denkt euch eigene lustige Zungenbrecher aus. Dafür benötigt ihr lediglich einige Wörter, die mit demselben Buchstaben beginnen.
- Ihr könnt auch mehrere Buchstaben als Wiederholung verwenden, z. B.: Müllmann Müller müht sich müde im Müll, im Müll müht sich müde Müllmann Müller.

Vokalsätze

Ihr kennt bestimmt alle das Lied „Drei Chinesen mit dem Kontrabass".
Dieses Spiel geht genauso, aber die zu verändernden Sätze müsst ihr
selbst bilden.

Beispiel:

Der lustige Li-la-laune Bär,
der hat es manchmal ganz schön schwer.
Denn kommt ein motziges Kind daher,
mag er seine Arbeit gar nicht mehr.

Nun könnt ihr jeweils alle Vokale a, e, i, o, u und die Umlaute ä, ö, ü gegen einen gemein-
samen Vokal austauschen:

a → Dar lastaga La-la-lana Bar,
dar hat as manchmal ganz schan schwar.
Dann kammt an matzagas Kand dahar,
mag ar sana Arbat gar nacht mahr.

Tipp:

Habt ihr auch eine Idee für eine passende Melodie zu eurem
Vokalsatz?

✂ ....

Wer hat es?

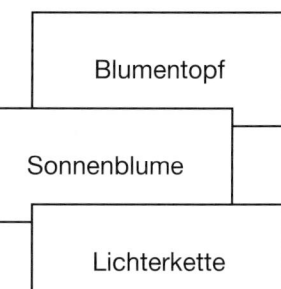

| Blumentopf |
| Sonnenblume |
| Lichterkette |

Material: 1 ausgeschnittenes Kärtchen pro Spieler (s. S. 37) in
einem Säckchen

Ziel ist es bei diesem Spiel, möglichst schnell den gesuchten
Gegenstand zu finden.
Dafür ist es wichtig, die richtigen Fragen zu formulieren.
Wählt einen Schüler aus, der bei diesem Spiel als Fragesteller anfangen darf. Er zieht ein
Kärtchen, merkt sich den Gegenstand und steckt das Kärtchen wieder zu den anderen in
das Säckchen zurück. Erst danach werden die Kärtchen an die Mitspieler verteilt!
Der Fragesteller muss nun den Gegenstand suchen. Dabei darf er nur Fragen formulieren,
die mit „ja" oder „nein" beantwortet werden können, z. B. „Hast du eine Pflanze?" Die
Frage „Hast du die Sonnenblume?" ist natürlich nicht erlaubt.
Alle anderen Schüler haben jeweils ein Gegenstandskärtchen in der Hand und stehen im
Raum. Müssen sie eine der Fragen mit „ja" beantworten, so bleiben sie stehen. Antworten
sie mit „nein", setzen sie sich hin. Dadurch werden es bei jeder Frage weniger Schüler,
welche die gesuchte Gegenstandskarte haben könnten. Der Schüler, welcher die gesuchte Gegenstandskarte festhält, ist in der nächsten Runde der Fragesteller.

Kärtchen zu „Wer hat es?"

Blumentopf	Badehose	Baumrinde	Bettdecke
Soßenkelle	Sonnenblume	Seeigel	Wanderstab
Wunderkerze	Winterstiefel	Hausboot	Hundehütte
Haselnuss	Apfelbaum	Wildschwein	Achselshirt
Dosenöffner	Dudelsack	Dalmatiner	Duschbad
Feuerwehr	Fischbüchse	Flugzeug	Kinderbuch
Kaugummi	Kaninchen	Milchtopf	Moosgummi
Maibaum	Lichterkette	Leberwurst	Laubbaum
Suppenschüssel	Wassermelone	Hosenknopf	Achterbahn
Fernbedienung	Kuchenteller	Marienkäfer	Lederhose
Taschenlampe	Tontopf	Topflappen	Nähnadel
Nussknacker	Honigglas	Rasenmäher	Ringordner
Rotstift	Güterzug	Gartenzaun	Straßenbahn

BVK DE63 • Ilka Köhler: „Kreative Sprachspiele und Sprechanlässe"

Aufbau von Geschichten

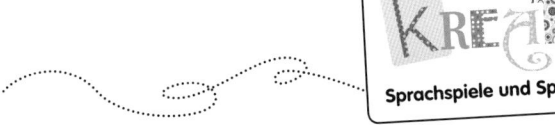

Eine Geschichte besteht aus
• einer Einleitung,
• einem Hauptteil und
• einem Schluss.

Wählt drei Schüler aus, die bei diesem Spiel anfangen.
Sie sollen für euch eine Geschichte erfinden.
Schüler 1 – erzählt die Einleitung,
Schüler 2 – erzählt den Hauptteil,
Schüler 3 – erzählt den Schluss.

Besprecht hinterher gemeinsam:
• Wie hat euch die Geschichte gefallen?
• Konnten die Schüler die begonnene Geschichte gut weitererzählen?
• Hattet ihr ähnliche Ideen für den Fortgang der Geschichte?

Anschließend können drei weitere Schüler eine neue Geschichte erfinden.

Abc-Geschichten

Hier werden alle Buchstaben des Alphabetes nacheinander als Satz-anfänge für eine Geschichte genutzt.
Wählt einen Schüler aus, der sich den ersten Satz der Geschichte ausdenken darf. Da es sich hierbei um eine Abc-Geschichte handelt, beginnt das erste Wort des ersten Satzes mit einem „A": „**A**m Sonn-tagmorgen schien die Sonne."
Der zweite Satz beginnt mit einem „B": „**B**ei dem Sonnenschein stand ich viel lieber auf als bei Regen." und so weiter, bis ein Schüler bei dem Buchstaben „Z" angekommen ist.

Alle Schüler müssen natürlich gut zuhören und darauf achten, dass sich der Erzähler immer an den nachfolgenden Buchstaben hält.

Tipps:
• Überlegt euch vorher, ob es sich hierbei um eine sinnvolle Geschichte oder um eine Quatschgeschichte handeln soll.
• Überlegt euch, ob ihr einige schwierige Buchstaben wie Q oder Y auslassen möchtet!

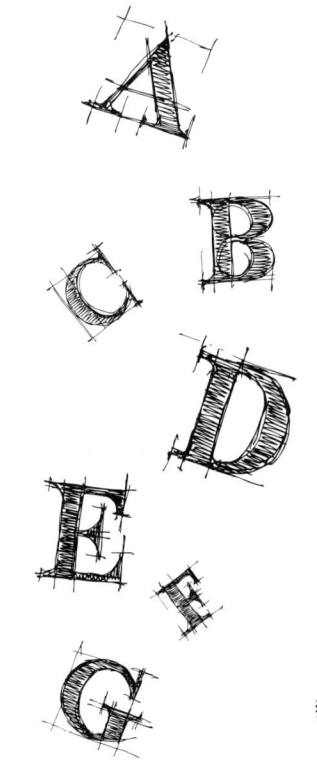

Stichwortgeschichten

Material: ausgeschnittene Stichwortkärtchen (s. S. 40), evtl. 1 nicht durchsichtiges Säckchen, 1 Stoppuhr oder 1 Eieruhr

Bei diesem Spiel kommt es darauf an, eine Geschichte zu erzählen und die Stichwörter schnell und passend in die Geschichte einzubauen.

Mischt die Stichwortkärtchen und legt sie mit der Rückseite nach oben auf einen Stapel oder in ein Säckchen. Wählt einen Schüler aus, der mit der Stichwortgeschichte beginnt, und einen zweiten, der die Stichwortkärtchen zieht.

Der Erzähler beginnt mit seiner selbst erdachten Geschichte. Wenn eine vorab vereinbarte Zeit herum ist, zieht der zweite Schüler eine Stichwortkarte und zeigt sie dem Erzähler. Der Erzähler muss nun das Stichwort in seine Geschichte einbauen. Hierbei wird es besonders lustig, wenn das Stichwort gerade völlig unpassend ist.

Einigt euch vorher, nach wie vielen Kärtchen die Geschichte beendet werden muss. Ist die letzte Karte gezogen, muss der Erzähler seine Geschichte innerhalb der nächsten Minute beenden. Anschließend ist ein neuer Erzähler an der Reihe.

Überlegt gemeinsam:

Wer hat die lustigste / spannendste Geschichte erzählt?

Geschichten weitererzählen

Material: kopierte Geschichtenanfänge (s. S. 42 – 43) oder Bücher, 1 Stoppuhr oder 1 Eieruhr, evtl. 1 Aufnahmegerät

Wolltet ihr schon immer einmal selbst ein Schriftsteller sein? Bei diesem Spiel geht es darum, eine begonnene Geschichte mit Hilfe der eigenen Fantasie weiterzuerzählen.

Wählt einen Schüler aus, der beginnt. Er liest den Anfang einer ihm unbekannten Geschichte vor. Im Anschluss erzählt er die Geschichte aus seiner Fantasie weiter. Eure Geschichten benötigen dabei einen interessanten, spannenden Hauptteil und einen Schluss.

Ihr könnt auch eine bestimmte Zeit dafür vorgeben und eine Stoppuhr / Eieruhr stellen.

Tipp:

Besonders spannend wird es, wenn ihr eure erfundenen Geschichten aufnehmt. So kann der Erzähler sich anschließend selbst sprechen hören. Auf diese Weise könnt ihr eure eigene, selbst erdachte Hörspielsammlung erstellen.

Stichwortkärtchen

Schlüssel	plötzlich	tanzen	müde	Rakete
Fernseher	langsam	singen	satt	Astronaut
Blumenstrauß	bald	springen	durstig	Zauberer
Igel	endlich	rennen	lustig	Ritter
Biene	zum Glück	essen	schief	Osterhase
Foto	später	schlafen	leise	Nikolaus
Brief	keinesfalls	lernen	hungrig	Quatsch
Musik	natürlich	lachen	komisch	Zebra
Kuchen	Achtung	verstecken	spaßig	Knall
Oma	niesen	lesen	igitt	Bauch
Helm	niemals	spielen	verwirrt	Geschichte
Kugel	ständig	wandern	gerecht	Schule
Bluse	bestimmt	drehen	richtig	Knete

BVK DE63 • Ilka Köhler: „Kreative Sprachspiele und Sprechanlässe"

KREATIVE
Sprachspiele und Sprechanlässe

Zwillingsgeschichten

Bei diesem Spiel kommt es darauf an, die Zeitformen der Verben zu verändern.

Wählt einen Schüler aus, der mit der Geschichte beginnen darf und einen zweiten, der die Zwillingsgeschichte dazu erzählt. Der erste Schüler beginnt mit seiner selbst erdachten Geschichte in der Gegenwart (Präsens), z. B.: „Tom *kommt* gerade zur Schule." Nun wiederholt der zweite Schüler den Satz, jedoch in der Vergangenheitsform (Präteritum): „Tom *kam* gerade zur Schule."

Nun erzählt der erste Schüler seine Geschichte weiter und der zweite Schüler wiederholt seine Sätze im Anschluss immer in der Vergangenheitsform (Präteritum).

So geht es weiter, bis die Geschichte beendet ist. Anschließend sind zwei neue Erzähler an der Reihe.

Tipp:

Natürlich könnt ihr auch nach jedem Satz die Erzähler wechseln, sodass mehrere Schüler an den Zwillingsgeschichten mitarbeiten können.

Ein Klassenroman

Hier könnt ihr euch gemeinsam einen spannenden Roman ausdenken! Wählt einen Schüler aus, der mit dem Roman beginnt. Dieser Schüler darf sich den ersten Satz eures Klassenromans einfallen lassen, z. B.: „An der Straßenecke steht ein **unbewohntes Haus.**"

Nun muss ein zweiter Schüler einen weiteren Satz finden, welchen er möglichst mit dem letzten Wort bzw. der letzen Wortgruppe des vorherigen Satzes beginnt: „Das **unbewohnte Haus** finde ich sehr geheimnisvoll."
So geht es nun immer weiter, bis der letzte Schüler den letzten Satz und somit das Ende des Romans erzählt hat.

Tipp:

Einigt euch vorher auf ein Thema, von dem euer Roman handeln soll, z. B.: eine lustige Geschichte, eine Tiergeschichte, eine Urlaubsgeschichte …

BVK DE63 • Ilka Köhler: „Kreative Sprachspiele und Sprechanlässe"

Geschichtenanfänge (leicht)

Einmal lag ich nachts in meinem Bett und träumte den schönsten Traum …

Abraxas, der große Rabenmeister, flog suchend am Himmel entlang. Den Schnabel hatte er weit aufgerissen …

Manchmal, wenn ich die Kinder auf dem Hof spielen sehe, stelle ich mir vor …

In den letzten Ferien passierte etwas Wundervolles. Ich konnte es selbst kaum glauben, doch es begann so …

Frau Schmidt wohnt in einem großen, schönen Haus in der Kastanienstraße.
Jeden Morgen geht sie pünktlich aus dem Haus …

Eines Tages fand ich am Ufer eines großen Flusses eine Flaschenpost. Mühsam öffnete ich sie und hielt plötzlich eine Karte in den Händen …

„Jede Wette, ich renne viel schneller als ihr!", prahlte …

Es ist schon sehr lange her, da gab es einen großen Drachen, eine schöne Prinzessin und einen furchtlosen Prinzen …

Paul hatte sich zum Geburtstag einen kleinen Hund gewünscht. Doch er bekam keinen. Stattdessen …

Mia Mausebein bewohnte nun schon seit vielen Jahren das alte Mauseloch unter der Kellertreppe …

Tina schnupperte. Und tatsächlich, ein komischer Geruch zog in ihr Zimmer.
Was das wohl war …?

Weit hinter dem glitzernden Bach, tief im dichten Nadelwald versteckt, wohnte …

„Wisst ihr noch, als im letzten Schuljahr unsere Lehrerin plötzlich …"

Noch war von der kleinen Stadt und ihren Bewohnern nichts zu erkennen.
Dichter Nebel verdeckte mir die Sicht …

„Du meine Güte, was ist denn da bloß passiert?", fragte mich meine Oma. Sollte ich ihr tatsächlich erzählen, dass …

Eduard, die Eidechse, lag auf einem warmen Felsbrocken vor seiner Eidechsen-wohnung und sonnte sich …

BVK DE63 • Ilka Köhler: „Kreative Sprachspiele und Sprechanlässe"

KREATIVE
Sprachspiele und Sprechanlässe

Geschichtenanfänge (schwieriger)

Tom lebt auf dem Land. Er wohnt mit seinen Eltern auf einem großen Bauernhof.
Auch seine Großeltern leben auf dem Bauernhof. So ist immer jemand da und Tom
muss nie allein sein. Manchmal möchte Tom allerdings auch seine Ruhe haben.
Dann geht er zu seinem Hund und spielt mit ihm. Der Hund heißt Cleo und kennt alle
Geheimnisse von Tom. Cleo ist Toms bester Freund.
Jeden Morgen fährt Tom mit dem Bus zur Schule. Denn in Toms Dorf gibt es keine
Schule. In der Schule gefällt es ihm nicht so gut. Manche Mitschüler ärgern ihn und
nennen ihn „Landei". Manchmal sagen sie noch viel schlimmere Sachen zu ihm.
Das gefällt Tom gar nicht. Oft ist er deswegen traurig oder sogar wütend …

Jan, Mehmet und Tina gingen die Bahnhofstraße hinunter. Die drei waren auf dem
Weg in die Schule. Die Sonne schien und der neue Tag begann mit fröhlichem
Vogelgezwitscher. Doch dafür interessierten sich die Kinder wenig.
Schließlich kamen sie an dem alten, leerstehenden Bahnhofsgebäude vorbei.
Leider war der Zutritt verboten und die Fenster waren mit Brettern zugenagelt
worden. Nicht einmal eine klitzekleine Lücke zum Durchsehen hatten die Kinder
gefunden. Das machte sie umso neugieriger.
Wie es wohl dort drinnen aussehen mochte? Vielleicht ließ sich noch etwas Wert-
volles in den alten Räumen finden? Fragen über Fragen.
Jan, Mehmet und Tina schauten sich um. Vielleicht war doch irgendwo eine Lücke?

Es war einmal, vor langer Zeit, ein kleines Königreich. Das Königreich war so winzig,
dass es nur aus einem Schloss, einer kleinen Stadt und wenigen Feldern bestand.
Trotzdem waren alle Bewohner glücklich und zufrieden, denn das kleine Königreich
wurde von einem guten König regiert. Der kleine König lebte mit seiner kleinen
Königin und ihren drei kleinen Prinzessinnen in dem kleinen Schloss.
Um das kleine Königreich herum befand sich das große Königreich. Riesig war es,
mit einem großen Schloss. Und in dem großen Schloss lebten der große König,
die große Königin und die drei großen Prinzen. Sie waren habgierig und obwohl sie
schon so viel besaßen, wollten sie immer noch mehr …

Im alten Verlies unter dem unscheinbaren Brunnenschacht befand sich ein
magisches Amulett. Seit langem war es den Menschen verborgen geblieben.
Doch eines Tages wurde es von einem kleinen Jungen aus der Nachbarschaft
entdeckt.
Er behielt das magische Geheimnis für sich und trug das Amulett stets als Anhänger
um seinen Hals. Seitdem reiste er mit dessen Hilfe in die Vergangenheit. Jeden
beliebigen Ort und jedes Jahr konnte er sich aussuchen. Deshalb begab er sich
heute viele Millionen Jahre zurück in das Land der Dinosaurier. Dabei erlebte er …

Bildkarten – Geschichtenanlässe

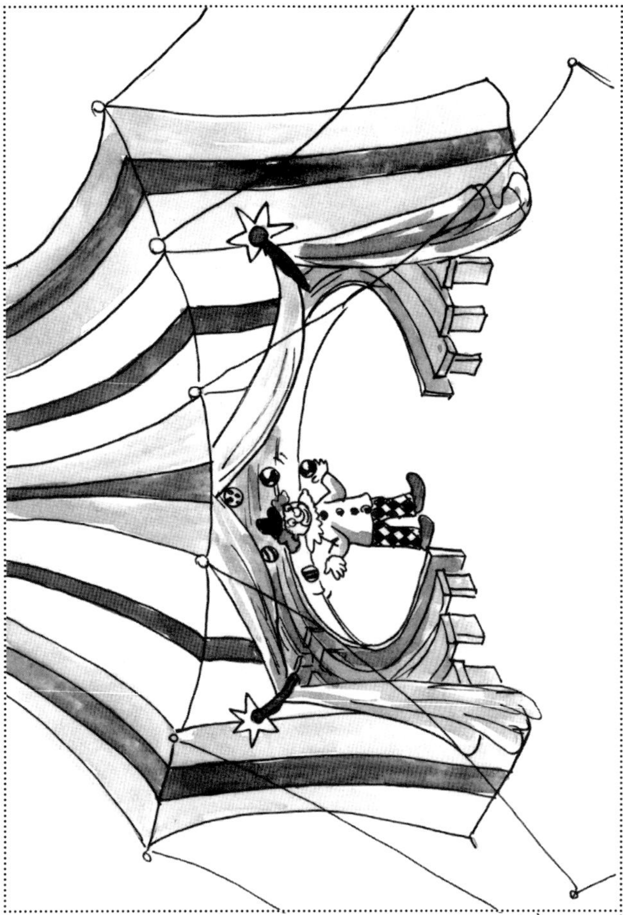

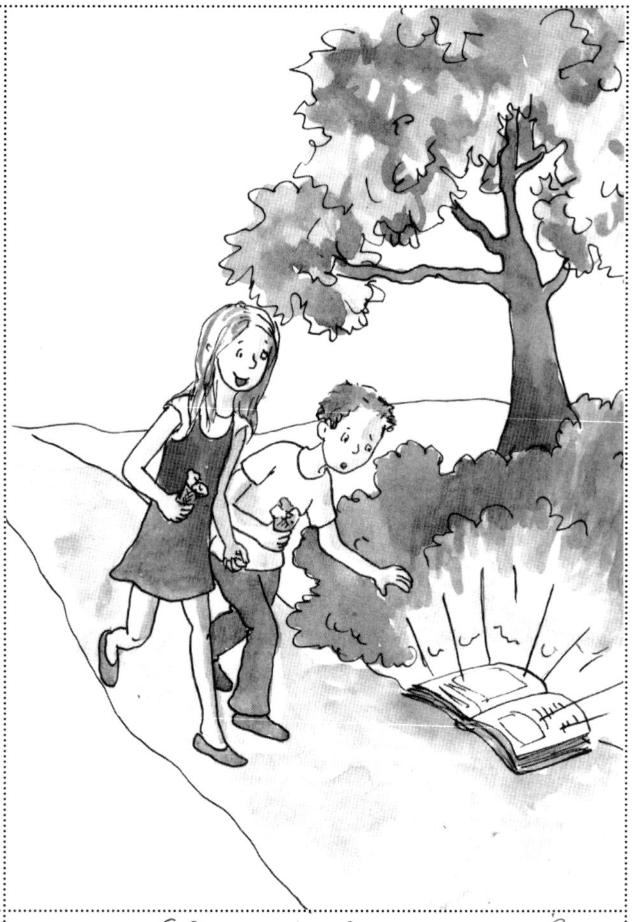

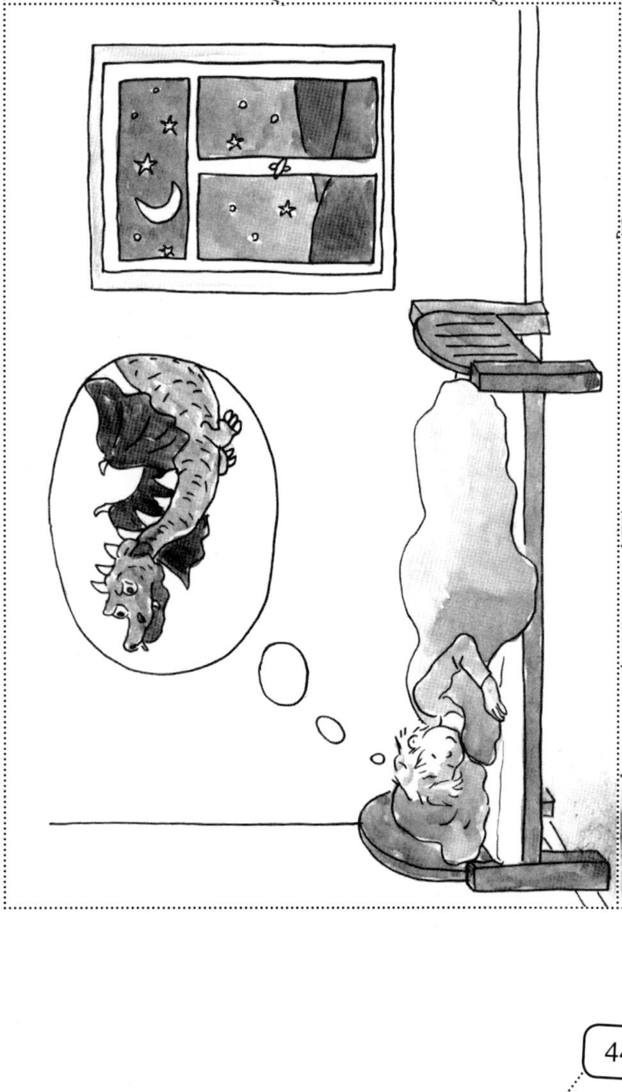

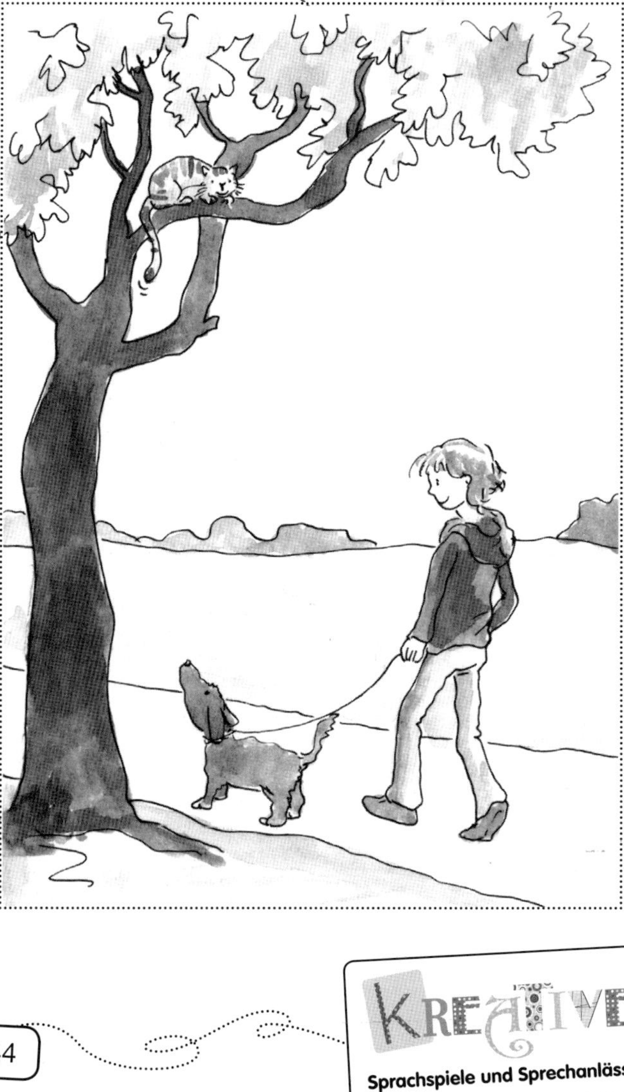

Ein neues Märchen

Märchen werden von allen Völkern der Welt erzählt. Sie sind häufig schon recht alt. In Deutschland wurden die ersten Märchen von den Brüdern Grimm gesammelt und aufgeschrieben.

7 Merkmale von Märchen:

1. Märchen haben meist einen besonderen Anfangs- und Schlusssatz.
2. Märchen haben einen wahren Kern.
3. Die Hauptfiguren des Märchens müssen schwierige Situationen oder Aufgaben bestehen.
4. Im Märchen siegt das Gute, Wünsche werden wahr.
5. Märchen beinhalten fantasievolle Wesen.
6. In Märchen spielen die Zahlen 3, 7, 12 und 13 eine große Rolle.
7. Märchenfiguren nutzen häufig (Zauber-)Sprüche oder Reime.

Besprecht, wie viele Märchen euch gemeinsam einfallen. Nun sollt ihr in eurer Klasse ein neues Märchen entwickeln.

Beispiel:

Unser Märchen heißt: Erika, die Wunderblume

Anfangssatz: Es war einmal, vor gar nicht allzu langer Zeit, …

Hauptfiguren: warmherzige Prinzessin, hochnäsiger Prinz

Märchenfiguren: Zauberelfen, Grottenolm

Zahlsymbolik: 7 Zauberelfen

Handlung: Der hochnäsige Prinz beleidigt die Prinzessin und wird dafür von den Zauberelfen mit hässlichen Pickeln bestraft. Dagegen hilft nur Erika, die Wunderblume, und nur die Prinzessin weiß, wo sie wächst. Doch soll sie dem hochnäsigen Prinzen tatsächlich den Ort verraten?

Spruch oder Reim: Ei der Daus und ei der Zwickel, dem Prinzen wächst ein Riesenpickel.

Schlusssatz: … und wenn sie nicht gestorben sind, dann leben sie noch heute. … und sie lebten vergnügt bis an ihr Ende.

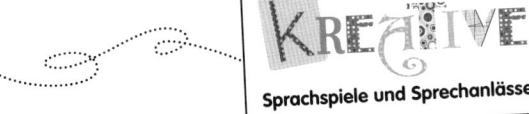

Märchen nacherzählen (1)

Erzähle deinen Klassenkameraden eines deiner Lieblingsmärchen nach! Wähle ein Märchen aus, welches du besonders gut kennst!

Jeder Schüler der Klasse sucht sich in Gedanken sein Lieblingsmärchen aus. Wählt dann einen Schüler aus, der mit eurer Märchenrunde beginnen darf.
Eure schönsten Märchen könnt ihr auch auf einem Plakat mit Bildern gestalten und damit euren Klassenraum dekorieren.

Beachte bei deiner Nacherzählung die folgenden Hinweise:

Freies Sprechen: Versuche, das Märchen möglichst ohne Stichpunktzettel nachzuerzählen. Für den Fall, dass du sehr aufgeregt bist, kannst du die Seite „Märchen nacherzählen (2)" nutzen. Schreibe in die leeren Kästchen deine Stichpunkte hinein. An diesen kannst du dich im Notfall wieder orientieren!

Zuhörer ansehen: Sieh nicht die ganze Erzählung über schüchtern auf den Boden. Probiere, deine Zuhörer beim Sprechen anzusehen. Dies geht leichter, wenn du dir eine Person aussuchst und diese dann öfter ansiehst.

Neue Satzanfänge: Verwende möglichst abwechslungsreiche Satzanfänge. Versuche, dabei unterschiedliche Wörter zu nutzen! (Also nicht immer nur „dann, dann, dann ..." – das wird für deine Zuhörer schnell langweilig.)

Tipp:
Ihr könnt euch auch auf andere Geschichtenformen einigen. Diese Geschichten sollten aber nicht zu lang sein, da auch eure Erzählung sonst sehr lang wird!

BVK DE63 • Ilka Köhler: „Kreative Sprachspiele und Sprechanlässe"

KREATIVE
Sprachspiele und Sprechanlässe

Märchen nacherzählen (2)

Mein roter Faden für: _____

KREATIVE
Sprachspiele und Sprechanlässe

Vom Wundern und Staunen

Am Ende der Straße befindet sich ein *großer* Spielzeugladen. Jedes Mal, wenn Emil an dem Geschäft vorbeigeht, muss er staunen. Das ganze Schaufenster ist einfach *herrlich*. Hätte er sagen sollen, welches Spielzeug ihm am besten gefiele, so hätte er sich nicht entscheiden können.

Aus Bausteinen ist eine *sagenhafte* Ministadt mit Häusern, Straßen, Autos und Menschen gestaltet worden. An einer Seite hängen Handpuppen. Diese sind mit ganz *bezaubernden* Gesichtern und Kostümen versehen. *Wunderschöne* Bücher stehen auf der anderen Seite in Regalen. Von der Decke hängt eine *unglaubliche* Lampe in Form einer Sonne herab. Selbst die Modelleisenbahn ist in einer *beeindruckenden* Landschaft aufgebaut.

Im Hintergrund sitzt der *schönste* Plüschtierhund, den Emil jemals gesehen hat. Stundenlang könnte er vor diesem *zauberhaften* Schaufenster stehenbleiben und das viele Spielzeug bewundern.

Wann hast du zum letzten Mal etwas so richtig bewundert oder bestaunt? Wie fühlte es sich an? Erzähle deinen Mitschülern von diesem wunderbaren Erlebnis und verwendet dabei möglichst viele verschiedene Adjektive (Wiewörter)!

Überlegt euch hinterher gemeinsam:
Bestaunt und bewundert ihr die gleichen Dinge oder habt ihr viele verschiedene Sachen, über die ihr staunt?

Hört nicht auf zu träumen

Viele berühmte Menschen hatten schon als Kind einen großen Traum. Sie träumten davon, ein herausragender Erfinder, eine bekannte Forscherin, ein erfolgreicher Politiker oder eine berühmte Sängerin zu werden. Träume sind wichtige Ziele im Leben. Wenn du einen Traum hast, so hast du ein Ziel, auf das du hinarbeiten kannst.

Möchtest du zum Beispiel ein großer Pianist werden, solltest du Unterricht im Klavierspiel nehmen und reichlich üben.

Möchtest du ein Filmstar in Hollywood werden, solltest du im Englischunterricht besonders gut aufpassen und eine Theater-AG besuchen.

Überlege:
Was ist dein großer Traum? Fallen dir spontan mehrere Träume ein oder gar keiner? Welches Gefühl löst der Traum bei dir aus? Erzähle deinen Mitschülern von deinem großen Traum und beschreibe, weshalb er dir so wichtig ist!

Überlegt euch hinterher gemeinsam:
Habt ihr ähnliche Träume? Welche Träume unterscheiden sich stark voneinander?

BVK DE63 • Ilka Köhler: „Kreative Sprachspiele und Sprechanlässe"

Mein schönstes Erlebnis

Welcher Tag war bisher der schönste in deinem Leben und warum?

Erzähle deinen Mitschülern etwas über dein schönstes Erlebnis.
Berichte dabei möglichst genau und formuliere vollständige Sätze.
Achte darauf, unterschiedliche Satzanfänge zu verwenden. Diese Wörter helfen dir:

Zuerst …	Danach …	Als Nächstes …	Anschließend …	Nun …
Dann …	Später …	Schließlich …	Hinterher …	Zum Schluss …

Beschreibe, warum es für dich so ein besonderes Erlebnis war!
Die folgenden Wörter kannst du dabei als Anregungen nutzen.

Weihnachten Ferienerlebnis Geburtstag Zoo

Feier Hochzeit Zirkus

Freunde besuchen Urlaub Ponyhof wieder gesund gewesen

Wiedersehen Besuch Silvester

Fußballspiel ein besonderes Geschenk

KREATIVE
Sprachspiele und Sprechanlässe

Steckbrief

Erzähle deinen Mitschülern etwas über dich!
Beschreibe dich dabei möglichst genau und in vollständigen Sätzen. Achte darauf,
unterschiedliche Satzanfänge zu verwenden. Beginne mit deinem Namen.

Die folgenden Wörter kannst du als Anregungen nutzen:

Haustiere   Alter   Adresse

Sternzeichen   Aussehen   Hobbys

Größe   Freunde   Charaktereigenschaften

Lieblingsbuch   Geschwister

Lieblingsfächer   Geburtstag   Besonderheiten

Lieblingsessen   Vorbild

Wünsche   Lieblingsgetränk   Lieblingsfilm

Tagesablauf – Wochentag

Sucht euch gemeinsam in der Klasse einen bestimmten Wochentag aus.
Erzähle nun deinen Mitschülern etwas über deinen Tagesablauf an einem Wochentag.
Beschreibe den Ablauf dieses Tages möglichst genau mit Uhrzeiten. Formuliere ihn in
vollständigen Sätzen und mit unterschiedlichen Satzanfängen.

Die untenstehenden Wörter kannst du als Anregungen nutzen.

Schulbeginn   Computer   Sport

Frühstück   Freizeit   waschen

Schulweg   Freunde treffen   aufstehen

aufräumen   Hausaufgaben   Schlafenszeit

Abendessen   Fernsehen   Kaffee trinken

Schulschluss   große Pause

Mittagessen   Verabredungen   Hausarbeit

Vergleicht eure Tagesabläufe anschließend miteinander, zum Beispiel: Wer steht früher
auf? Wer darf am längsten aufbleiben? Findet ihr Gemeinsamkeiten und Unterschiede?

BVK DE63 • Ilka Köhler: „Kreative Sprachspiele und Sprechanlässe"

KREATIVE
Sprachspiele und Sprechanlässe

Tagesablauf – Wochenende

Erzähle deinen Mitschülern etwas über deinen Tagesablauf am Wochenende.
Beschreibe den Tagesablauf möglichst genau mit Uhrzeiten. Formuliere in vollständigen Sätzen und mit unterschiedlichen Satzanfängen.

Vergleicht eure Wochenendabläufe miteinander und besprecht in der Klasse eure Ergebnisse. Was fällt euch auf? Welche Wörter benötigt ihr an Wochentagen, aber nicht am Wochenende? Schreibt sie auf!

- Seid ihr mit euren Tagesabläufen zufrieden? Welche Veränderungen würdet ihr euch wünschen?
- Welche Gemeinsamkeiten findet ihr zu den Wochentagen?
- Welche Unterschiede findet ihr zu den Wochentagen?
- Findet ihr Zeit, euch (euren Körper, euer Gehirn) auszuruhen?
- Welche Zeiten habt ihr dafür in der Woche?
- Welche Zeiten habt ihr dafür am Wochenende?

Einen Mitschüler beschreiben

Jeder Schüler der Klasse sucht sich in Gedanken einen Mitschüler aus. Derjenige, der beginnt, beschreibt seinen gewählten Mitschüler mit einem Merkmal pro Satz, zum Beispiel:

Er ist ein *Junge.*
Er ist *dunkelhaarig.*
Er spielt gern *Fußball.*
Er ist gut in *Mathe.*

Die anderen müssen nun den gesuchten Schüler erraten. Die Beschreibungen müssen aber hilfreich sein. Es dürfen keine Sätze verwendet werden wie:
„Er hat zwei Ohren."

Für jeden Satz, nach dem die anderen den richtigen Mitspieler nicht erraten haben, gibt es einen Punkt für den „Beschreiber". Ziel ist es, den Mitspieler genau (mit ausschließlich positiven oder neutralen Eigenschaften) zu beschreiben, ohne zu viel zu verraten. Wer die meisten Punkte erhält, hat gewonnen. Der Schüler mit der richtigen Lösung darf nun selbst einen Mitschüler beschreiben.

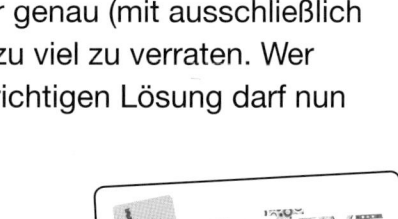

Rezeptbeschreibung

Beschreibe deinen Mitschülern den genauen Arbeitsablauf für die Zubereitung einer Kartoffelsuppe.

Überlege:
An welcher Stelle musst du den Herd anmachen und wann muss er wieder ausgeschaltet werden?

Die Kartoffeln schälen.	Die Kartoffeln kleinschneiden.
Die Brühe mit Wasser vermischt in den Topf geben.	Die Kartoffeln dazugeben.
Die gekochten Kartoffeln mit der Brühe im Topf pürieren.	Die Suppe mit Kräutern und Gewürzen abschmecken.
Die Würstchen in der Suppe erwärmen.	Die Suppe in den Suppenteller füllen.

BVK DE63 • Ilka Köhler: „Kreative Sprachspiele und Sprechanlässe"

Kreative Sprachspiele und Sprechanlässe

Ein Bild beschreiben

Beschreibe deinen Mitschülern ein Bild, zum Beispiel:
• Lege ein Blatt quer vor dich hin.
• Zeichne nun einen roten Strich von der linken oberen Ecke in die rechte untere Ecke.
• Verbinde die beiden anderen Ecken mit einem grünen Strich.
• Male das untere Dreieck orange aus.
• Zeichne in das linke Dreieck vier blaue Kreise.
• Zeichne in das rechte Dreieck braune Streifen.
• Gestalte das obere Dreieck frei nach deinen eigenen Ideen.
• Zeichne zum Schluss in das untere Dreieck drei Blüten.

Du und deine Mitschüler malen das beschriebene Bild mit.
Vergleicht anschließend eure Bilder.

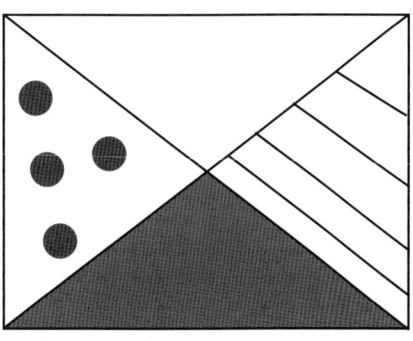

Einen mathematischen Weg beschreiben

Beschreibe deinen Mitschülern einen Weg in mathematischen Kästchen. Deine Mitschüler sollen den beschriebenen Weg mitmalen. Hinterher solltet ihr eure Bilder vergleichen.

Beispiel:

			X	X	X				
			X		X				
X	X	X	X		X	X	X	X	
X								X	
X	X						X	X	
	X	X				X	X		
		X				X			
		X				X			
A	X	X				X	X	X	E

„Ihr beginnt unten links (A = Anfang).
Dann müsst ihr 2 Kästchen nach rechts gehen.
Anschließend geht ihr 3 Kästchen nach oben ..."
(E = Ende)

Bildbeschreibung – Im Klassenzimmer

Beschreibe deinen Mitschülern genau, wo sich welche Gegenstände befinden.
Diese Wörter helfen dir: an, auf, vor, neben, hinter, links, rechts, über, unter …

Beispiel:
Die Tür befindet sich vorne rechts neben dem Regal.
Rechts neben der Tafel steht ein Mülleimer.
Auf dem Regal steht ein Globus.

Wegbeschreibung – Labyrinth

Material: Malkreide oder Stöcke, Augenbinden

Zeichnet oder legt mit Stöcken ein Labyrinth auf den Boden. Ihr könnt auch einen
Parcours in der Sporthalle aufbauen.
Sucht euch je einen Mitschüler und verbindet ihm die Augen. Beschreibt ihm nun den
Weg durch das Labyrinth.

Achtung: Ihr solltet den Weg genau beschreiben, also euren Partner weder berühren
noch führen! Versucht, so genau zu beschreiben, dass euer Partner die Grenzen des
Labyrinthes nicht übertritt. Sagt rechtzeitig „Stopp!", um euren Partner vor Gefahren
zu schützen.

Beispiel:
Gehe zuerst drei Schritte nach rechts.
Nun drehst du dich um.
Gehe zwei Schritte nach vorn.
Drehe dich nun nach links.

Wechselt anschließend die Rollen!

BVK DE63 • Ilka Köhler: „Kreative Sprachspiele und Sprechanlässe"

Wegbeschreibung – Ein Weg im Freien

Beschreibe deinen Mitschülern einen Weg im Freien. Sage ihnen genau, wo sie entlanggehen müssen. Nutze dazu Wörter wie: an, auf, vor, neben, hinter, links, rechts, über …

Wichtig:
Verstecke einen Schatz am Ende des Weges!

Beispiel:
Geht aus unserem Raum hinaus, dann links herum bis zu Treppe.
Geht die Treppe zwei Stockwerke hinab bis zur Schultür.
Von der Schultür geht ihr geradeaus auf den Schulhof.
Am Klettergerüst haltet ihr an.
Geht nun weiter nach rechts bis zur Schaukel.
Links neben der Schaukel steht ein Busch.
Ihr müsst an dem Busch vorbeigehen.
Wenn ihr dann über den Balancierpfad geht, kommt ihr zu einer Linde.
Hinter der Linde ist der Schatz versteckt.

Wegbeschreibung – Stadtplan

Material: 1 Stadtplan

Beschreibe deinen Mitschülern einen Weg in eurer Stadt. Nutze dafür einen Stadtplan.

Sage deinem Mitschüler genau, welche Straßen er entlanggehen muss und nenne wichtige Merkmale wie: hinter der Kirche, neben dem Rathaus …
Du kannst auch die Himmelsrichtungen Norden, Osten, Süden, Westen verwenden.

Die Mitschüler hören bei der Beschreibung gut zu und sollen in Gedanken diesen Weg nachgehen.

Überlegt anschließend:
• War die Beschreibung richtig?
• Seid ihr am Ziel angekommen?
• War dies der kürzeste Weg?
• War es der sicherste Weg?

Programmdirektor

Material: ausgeschnittene und angemalte Kopiervorlage „Bildschirm" (s. S. 58)

Jeder Mitspieler überlegt sich eine bekannte Fernsehsendung. Wenn ihr das Spiel zum ersten Mal spielt, bietet es sich an, den Ablauf einiger Sendungen vorher durchzusprechen. Bestimmt einen Schüler, der bei diesem Spiel anfangen darf. Dieser ist euer Programmdirektor und stellt sich hinter den ausgeschnittenen Fernsehbildschirm.
Er kündigt nun als Ansager seine ausgewählte Sendung an und beschreibt sie dabei, so gut er kann. Den Namen der Fernsehsendung darf er natürlich nicht verraten!

Beispielansage:

„Guten Tag, meine sehr verehrten Damen und Herren! Nun folgt die Sendung, die von allen Katzenfreunden schon lange erwartet wird. Auch heute wird der mutige Kater wieder einige spannende Abenteuer erleben. Mal sehen, ob er auch seine grüne Hose frisch gewaschen hat! Doch das hat der alte Mann sicher für ihn erledigt. Ob es auch heute wieder eine Pfannkuchentorte geben wird?" (Petterson und Findus)

Die anderen Mitspieler versuchen nach jedem Satz, die beschriebene Fernsehsendung zu erraten. Der Schüler, der die gesuchte Sendung gefunden hat, ist der neue Programmdirektor.

Tipp:
Ihr könnt natürlich auch Punkte für jede erratene Sendung verteilen. Ebenso könnt ihr für jede falsch geratene Sendung einen Minuspunkt vergeben.

BVK DE63 • Ilka Köhler: „Kreative Sprachspiele und Sprechanlässe"

Kopiervorlage „Bildschirm"

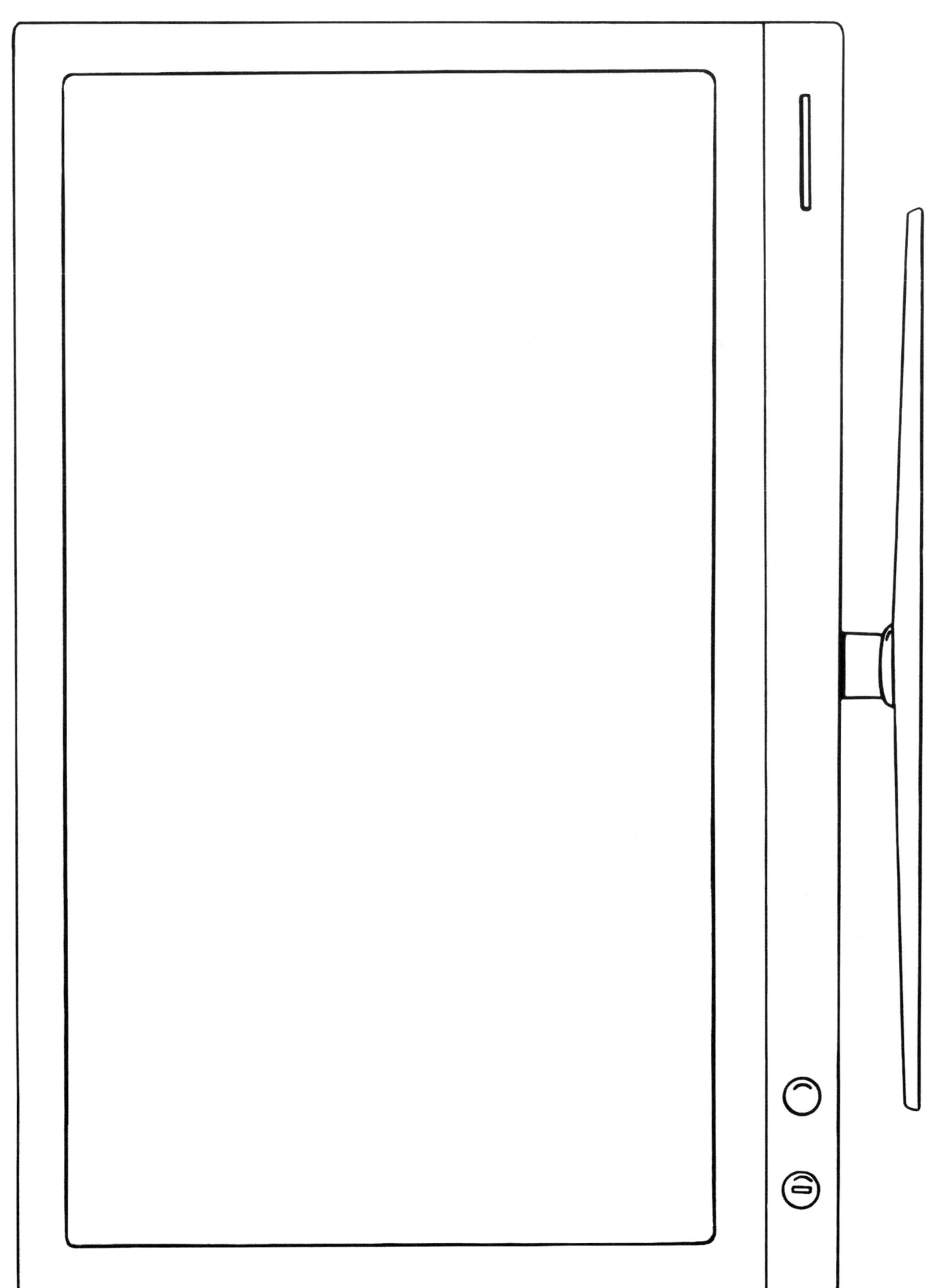

BVK DE63 • Ilka Köhler: „Kreative Sprachspiele und Sprechanlässe"

Stimmwunder

Material: 1 Augenbinde

Kennt ihr Menschen, die ihre Stimme so gut verstellen können, dass man sie gar nicht mehr an ihrer Stimme wiedererkennen kann? Solche Leute arbeiten häufig als Komiker, im Kabarett oder für das Radio oder das Fernsehen. Habt ihr auch solche Talente in eurer Klasse?

Bei diesem Spiel kommt es darauf an, die eigene Stimme möglichst gut zu verstellen.

Ihr könnt zum Beispiel:
• möglichst tief oder hoch sprechen
• besonders langsam oder schnell sprechen
• einen anderen Dialekt sprechen (wie ein Berliner, Bayer, Sachse …)
• einige Buchstaben hervorheben (das „r" rollen, das „i" in die Länge ziehen …)

Wählt einen Schüler aus, der mit dem Spiel beginnt. Dieser Schüler muss einen Moment vor die Tür gehen, sodass sich seine Mitschüler beraten können. Die anderen Mitspieler besprechen in dieser Zeit, welcher Mitschüler zuerst seine Stimme verstellt. Anschließend darf der Ratende wieder zurück in den Klassenraum kommen. Hier werden ihm die Augen verbunden, sodass er den Sprecher nicht sehen kann.

Nun stellt der Ratende Fragen (zum Beispiel zum Wetter, zu seinen Hobbys, zu seinem Lieblingsessen …), welche von dem gewählten Mitschüler mit der verstellten Stimme beantwortet werden sollen. Hierbei kann ruhig auch mal Unsinn gesagt werden. Wichtig ist nur, dass der Mitschüler möglichst nicht erkannt wird.

Hat der Ratende seinen Mitspieler an der Stimme erkannt, nennt er dessen Namen und dieser ist nun als Ratender an der Reihe und geht vor die Tür.

Tipp:
Ihr könnt das Spiel auch verändern, indem ihr euch von dem einzelnen Mitspieler Geräusche vormachen lasst, die ihr erraten sollt. Tierstimmen sind noch recht leicht zu imitieren, doch wenn ein Motor startet, dann wird es schon schwieriger!

Witze erzählen

Erzähle deinen Klassenkameraden einen deiner Lieblingswitze!

Jeder Schüler der Klasse sucht sich in Gedanken seinen Lieblingswitz aus. Wenn euch kein Witz einfällt, könnt ihr unten einen auswählen. Ihr könnt auch in Büchern oder unter *www.kinderwitze.com* nachsehen.
Bestimmt nun einen Schüler, der mit eurer Witzrunde beginnt. Eure lustigsten Witze könnt ihr aufschreiben und anschließend als Plakat für den Klassenraum oder den Schulflur gestalten.

Tipp:
Beachtet bei eurer Witzerzählung die richtige Reihenfolge! Fange also nicht mit dem witzigen Teil (der Pointe) an, sonst ist dein Witz für die Zuhörer nicht mehr komisch!

Beispielwitze:

„Du siehst ja wieder schrecklich müde aus, Tina. Wie viele Stunden schläfst du denn eigentlich täglich?", fragt der Lehrer.
„Na so zwei oder drei", antwortet Tina.
„Aber das ist doch viel zu wenig!"
„Keine Sorge, Herr Lehrer, nachts schlafe ich doch auch noch!"

Zwei Zahnstocher gehen im Wald spazieren und sehen einen Igel.
„Guck mal", sagt der eine zum anderen, „hier fahren ja sogar Busse!"

„Wie alt bist du denn jetzt, Kevin?"
„Acht", antwortet er.
„Und was möchtest du später einmal werden?"
„Na neun natürlich!"

Was ist weiß und rollt den Berg hinauf?
– Eine Lawine mit Heimweh!

„Warum hat denn der Papa keine Haare mehr?", fragt der kleine Max seine Mama.
„Weil er so viel nachdenkt", antwortet sie. „Komisch", meint Max, „und wieso hast du dann so viele Haare?"

Drei Pfadfinderinnen haben sich im Wald verirrt. Plötzlich erscheint eine gute Fee und sagt zu den drei Mädchen: „Weil ihr immer so gut zu den anderen Menschen wart, habt ihr jetzt drei Wünsche frei!"
Die Erste sagt: „Mich gruselt es so, ich möchte wieder zu Hause bei meiner Mama sein!" So geschieht es.
Die Zweite sagt: „Mich gruselt es so, ich möchte wieder zu Hause bei meiner Mama sein!" Auch dieser Wunsch wird erfüllt.
Da sagt die Dritte: „Jetzt bin ich ja ganz allein, mich gruselt es so, ich wünsche mir die anderen beiden wieder her."

BVK DE63 • Ilka Köhler: „Kreative Sprachspiele und Sprechanlässe"

Buchvorstellung (1)

Stelle deiner Klasse dein Lieblingsbuch vor.
Sprich dabei besonders deutlich und halte Blickkontakt mit deinen Zuhörern.

Beachte bei deiner Buchvorstellung die folgenden Schritte:

1. allgemeine Hinweise: Titel des Buches
Autor / Autoren des Buches
Art des Buches („Genre": Kinderbuch, Comic, Krimi ...)
evtl. erhaltende Auszeichnungen
Du kannst an dieser Stelle auch den Verlag, die ISBN und den
Preis des Buches nennen.

2. Inhalt: die Hauptpersonen
den Ort der Handlung
die Zeit (Jahreszeit, Jahr)
die Handlung (Worum geht es in
dem Buch?)

Tipp:
Verrate nicht zu viel von der Handlung, dann wird das Buch
für deine Mitschüler noch spannender!

3. Leseprobe:
Suche dir einen besonders schönen, spannenden oder wichtigen Abschnitt aus deinem
Buch aus. Lese ihn deinen Mitschülern vor! Übe vorher, den Abschnitt flüssig zu lesen.
Überlege dir, welche Stellen besonders wichtig, spannend oder witzig sind. Versuche,
deine Stimme an diesen Stellen an die Spannung und den Witz anzupassen.

4. Deine Meinung:
Erzähle nun deinen Mitschülern, warum dies dein Lieblingsbuch ist. Was gefällt dir daran
so gut? Welche Personen gefallen dir am besten? Was spricht dich am meisten an?
Welche Stelle des Buches fandest du am spannendsten? Hierbei ist es wichtig, dass du
deine eigene Meinung formulierst!

5. Abschließende Fragen:
Zum Abschluss solltest du deinen Mitschülern noch etwas Zeit geben, dir Fragen zu
stellen. Vielleicht haben sie etwas nicht richtig verstanden oder sie möchten noch nähere
Informationen von dir zu deinem Lieblingsbuch.

Buchvorstellung (2)

Stichpunktzettel für meine Buchvorstellung:

Titel: _____

Autor / Autoren: _____

Art des Buches („Genre"): _____

_____

Verlag / ISBN / Preis: _____

_____

Hauptpersonen: _____

Ort der Handlung: _____

Zeit: _____

Handlung: _____

_____

_____

Leseprobe Seite: _____

Es ist mein Lieblingsbuch, weil … _____

_____

_____

_____

Mir gefällt am besten, dass … _____

_____

_____

_____

Kurzvortrag

Halte vor deiner Klasse einen Kurzvortrag zu einem von dir selbst ausgewählten Thema. Sprich dabei besonders deutlich und halte Blickkontakt mit deinen Zuhörern.

Tipp 1:
Wichtig für einen Vortrag ist eine gute Vorbereitung!

Überlege dir:
1. Worüber spreche ich? Welche Inhalte wähle ich aus?
   In welcher Reihenfolge nenne ich die Inhalte?
2. Was wissen meine Mitschüler bereits über dieses Thema?
   Was könnten sie noch nicht wissen?
3. Wie präsentiere ich mein Thema besonders interessant und anschaulich (zum Beispiel durch ein Tafelbild, eine Mind-Map, ein Plakat, eine Collage …)? Was muss ich dafür vorbereiten?

Tipp 2:
Dein Kurzvortrag sollte nicht länger als 10 Minuten dauern!

Beachte bei einem Vortrag die folgenden Schritte:

1. Einleitung   Über welches Thema sprichst du? (z. B.: Hunde)
Warum hast du dieses Thema ausgewählt? (z. B.: Du hast seit kurzem einen Hund zu Hause.)

2. Hauptteil   Benenne, über welche Inhalte du sprechen möchtest (z. B. Haltung, Ernährung und Verhalten von Hunden).
Information 1 (Haltung von Hunden)
Information 2 (Ernährung von Hunden)
Information 3 (Verhalten von Hunden)
usw.

3. Schlussteil   Um deinen Vortrag interessanter und anschaulicher zu gestalten, solltest du ein Plakat, Bilder oder ein Tafelbild erstellen.
Außerdem gibst du eine kurze Zusammenfassung von deinem Thema.
Finde einen schönen Abschlusssatz.

Tipp 3:
Übe den Vortrag schon einmal zu Hause. Erstelle dir zusätzlich einen Zettel mit den wichtigsten Stichwörtern.

Viel Erfolg!

BVK DE63 • Ilka Köhler: „Kreative Sprachspiele und Sprechanlässe"

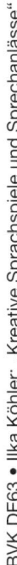

KREATIVE
Sprachspiele und Sprechanlässe

URKUNDE

Hiermit wird bescheinigt,

dass

_____

ihre / seine sprachlichen Fähigkeiten unter Beweis gestellt hat
und hervorragende Ergebnisse erzielt hat!

Du bist ein Redeprofi!

_____ , den _____

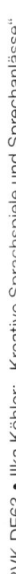
KREATIVE
Sprachspiele und Sprechanlässe